話し方の**コツ**がよくわかる

人文・教育系

面　接

頻出質問・回答パターン **25**

小柴　大輔

JN039482

＊この本には「赤色チェックシート」がついています。

★受験のチャンスが拡大中。悩める受験生も急増中

　学校推薦型選抜や総合型選抜など、受験のチャンスは拡大しています。しかし、そのための具体的な対策や準備をどうすればよいのかについて悩む受験生は多いでしょう。加えて、高校の先生方からも対策に苦労しているという声をたくさん聞きます。

　いま、なぜ人文・教育系に進みたいのか、そこで何を勉強して将来は何者になりたいのか。これを、他者、とりわけ大学教員に向けて堂々と伝えられる受験生は限られます。また、それを伝えるにはどうすればよいのかについても頭を悩ます受験生は多いでしょう。

★指導ノウハウを惜しみなく投入

　そうした切実な悩みに具体的に答え、合格へと至る道筋を示すのが、この本です。

　私は予備校の小論文講師として、長きにわたり志望理由書の添削指導や面接対策に携わる過程で、内容不十分な記述と口頭での回答を合格水準へと高めるノウハウを積み上げてきました。この本は、その指導ノウハウを大公開したものです。

　この本の特長は、次の4つです。

❶　人文・教育系向けに特化

　そのぶんだけ内容は濃厚です。この系統だからこそ話すべきことがあるのです！

❷　推薦・総合型で必要な対策を網羅

　面接対策を中心に据えつつ、合格する志望理由書づくりを手引きし、小論文や面接で使える発想法まで紹介しています。

❸　人文・教育系に必要な教養が身につく

　本文内で資料の集め方や書籍を案内していますが、じつはこの本を読み通すだけでも教養が身につき、試験でも応用できるつくりになっています。

❹ 生徒による実例が多数

　私の指導を受けた生徒たちが残してくれた、膨大な事例のストックを利用しています。ただし、プライバシーへの配慮と、この本の読者にリアルに役立ててもらうための工夫から、一部改変しています。

★この本を通じて知的成長が遂げられる！

　大学側が合格させたいと考えている受験生像は、いまの「素のあなた」「ありのままのあなた」ではありません。試験に向けて誠実に準備し、知的に成長できるあなたです。大学側は、入学後も学びを通じて誠実に謙虚に自己を成長させ、他者にも貢献できる受験生を求めています。その道筋を、この本が照らします。

★謝　辞

　この本の執筆機会を与えてくださったKADOKAWAの皆様に感謝申し上げます。面接や志望理由書の対策に導きの糸が必要であるように、この本を書き進めるうえでも「アリアドネの糸」が必要でした。おかげで、迷宮から脱出できました。また、以下は、志望理由書などを直接的・間接的に利用させてもらう際にお世話になった方々です。ありがとうございました。

小柴　大輔

＊大学受験専門ワークショップ教室長で面接を担当している石井里沙さんと事務スタッフの原麻衣子さんと生徒たち：丸遥香さん・上野莉奈さん・笹森彩来さん・諸岡知足さん・飯塚香琳さん・盛本千尋さん・福島惇聖さん・大久保綺更さん・久米里佳さん・柴田美穂さん・小口真里奈さん・中村絵利華さん・平岡彩暉さん・山根遥さんほか多数。

＊島根県出雲西高等学校における小論文課外授業受講者と中木信夫先生・神由貴先生・國武里枝先生・嘉藤由起先生をはじめとする進学プロジェクトの先生方。

CONTENTS もくじ

第3章 人文・教育系面接 頻出質問・回答パターン25

第6節　専門的な質問と回答パターン

本文イラスト：沢音　千尋

*「第4章　人文・教育系面接の実況中継」の「第7節　個人面接」と「第8節　集団面接」で想定されている設定は、以下のとおりです。
　●個人面接：試験官複数＋受験生1人
　●集団面接：試験官複数＋受験生複数

★人文・教育系面接の対策として必要な内容がオールインワン！

- 人文・教育系で必須である面接の対策に特化した参考書。

- 人文・教育系面接における頻出質問パターンと頻出回答パターンをカバーするだけでなく、面接の対策として必要なそれ以外の内容までカバーした「オールインワン」対策本。

- 「章」➡「節」➡「テーマ」の階層。「テーマ」が基本単位で、「重要度」を5段階（★の数）で表示。それぞれの階層が体系的に構成されている一方、内容的に完結しているので、通読と拾い読みのどちらも可能。

- 学校推薦型選抜・総合型選抜だけでなく、一般選抜にも対応。

- 「指導者の視点」からではなく「面接官の視点」から書かれた、即効性があり実践的な内容が満載。

- 場当たり的でない、普遍的な対策を提示。

- 人文・教育系の大学生となるにあたっての必要な教養も伝授。

★考え抜かれたシステマティックな構成

- 「第1章　面接ってナニ？」：面接対策の準備と心がまえを伝授。

- 「第2章　志望理由書のまとめ方」：出願時の提出が義務づけられている志望理由書の書き方の指導と事例の紹介。

- 「第3章　人文・教育系面接　頻出質問・回答パターン25」：この本のメインテーマ。面接官による質問例と受験生による回答例を25テーマ＝25パターンに分類。質問例は「一般的な質問」と「専門的な質問」、回答例は「ダメ回答」と「合格回答」で構成。

- 「第4章　人文・教育系面接の実況中継」：面接における典型的な応答の事例を系統別に掲載。

★こんな受験生におススメ

- 人文・教育系四年制大学を志望する受験生
- 学校推薦型選抜（内部推薦・指定校推薦・公募推薦）・総合型選抜の受験生、および一般選抜の受験生
- 通っている［通っていた］高校で、志望理由書・小論文・面接の対策を何も指導されていない［いなかった］受験生
- 面接で問われるような社会問題にはとくに関心はなく、ニュースはインターネットでしか読まず、新聞やニュース番組は読まない・見ないという受験生
- 面接が課される大学に出願する予定だが、どのように対策すればよいのかと悩んでいる受験生
- 口ベタ・話しベタな受験生
- 受験情報に疎い受験生
- 自分ひとりだけで対策せざるをえない受験生（社会人受験生、他学部・短大・専門学校からの編入生など）
- 難関校面接対策の基礎固めを行いたいと考えている受験生
- 上位校・中位校・中堅校の面接対策に万全を期したいと考えている受験生

＊この本は、2023年6月時点の情報にもとづいて執筆されています。

＊学校推薦型選抜・総合型選抜は、本書では「推薦・総合型」と表記されています。

＊「第2章　第4節」「第4章」の見開き右ページに掲載されている「コメント」中の記号には、以下のような意味があります。

　　◎：合格レベルの記述・回答／○：許容レベルの記述・回答／△：評価が分かれる可能性のある記述・回答／✕：減点される記述・回答

＊挙げられている書籍には、現在では入手困難な本が含まれている場合もあります。

第1節　面接の基礎知識

テーマ 01 近年の受験方式について知っておこう

重要度 ★★★★☆

★推薦・総合型はメジャーな受験方式

　　　学校推薦型選抜（旧・推薦入試）は、私の高校時代には、クラスで受けるのはせいぜい1、2人程度というマイナーな試験でした。また、総合型選抜（旧・AO入試）はまだ実施されていませんでした。

　ところが、いまや推薦・総合型はメジャーな受験方式です。以下の受験方式別の大学入学者割合を見てください。

	一般選抜	学校推薦型選抜	総合型選抜
国 立 大	約82%	約13%	約5%
公 立 大	約71%	約25%	約4%
私 立 大	約43%	約44%	約13%

＊ 2019 〜 2023 年度入試　文部科学省の資料を参考に作成。

　国立大・公立大ではまだ一般選抜（旧・一般入試）の割合が高いものの、私立大では推薦・総合型の割合が一般選抜を上回っています。このように、現在、大学受験の「主戦場」は推薦・総合型なのです。

　この状況は、みなさんの保護者の受験時代からはあまりにもかけ離れています。みなさんと保護者とのあいだで認識の食い違いが生じないよう、この表を保護者に見せてあげてください。

★推薦・総合型の種類

◆総合型選抜

　　　まず、総合型について説明します。

　　　総合型は、かつては「AO入試」と呼ばれていました。「AO」はAdmissions Officeの略称です。

2020年代に入ってから、AO入試の名称は総合型選抜に変わりました。しかし、名称はどうであれ、大学が求める学生像がアドミッション・ポリシー（入学者受け入れ方針）にもとづいている点、大学の入試事務局によって多面的・総合的な視点から長期間にわたる審査が課される点に変更はありません。

◆学校推薦型選抜

学校推薦型選抜には、以下の2種類があります。

	国 立 大	公 立 大	私 立 大
指定校推薦	なし	一部あり （「県内・市内の高校に限る」など）	あり
公募制推薦	あり	あり	あり

指定校推薦は、受験できる高校を大学側であらかじめ指定・限定する方式です。国立大では実施されていないという点はおさえておきましょう。

そのような制約がないのが公募制推薦です。多くの人にチャンスが開かれていて、以下の2種類があります。

特別推薦	スポーツの優秀者、文化活動やボランティアで顕著な実績を挙げた人などが対象
一般推薦	上記以外の人が対象

特別推薦で最もメジャーなのは「スポーツ推薦」です。ほかにも、音楽・美術・書道などでの顕著な実績も評価対象となります

一方、学びや志望学部・学科への熱意や関心なども評価対象となるのが一般推薦です。たとえば「全国大会3位」のような華々しい実績がなくても、学び面における努力で志望校の合格を勝ち取ることができます。

★共通テストの有無

　　　推薦・総合型出願時に注意すべきなのは、共通テストを課すかどうかという点です。国公立大の場合には、一般選抜では必ず共通テストが課されます。ところが、推薦・総合型では、国公立大にも「共通テストを課さない方式」があるのです。つまり、受験勉強としては文系3教科しか勉強していない人でも、推薦・総合型でなら国公立大にチャレンジできるのです。

学校推薦型選抜	国 立 大	公 立 大	私 立 大
共通テストを課す方式	あり	あり	ほぼなし
共通テストを課さない方式	あり	あり	あり

総合型選抜	国 立 大	公 立 大	私 立 大
共通テストを課す方式	あり	あり	ほぼなし
共通テストを課さない方式	あり	あり	あり

まとめると以下のとおりです。

一般選抜　（国公立大は共通テストあり）

学校推薦型選抜 ┤指定校推薦
　　　　　　　└公募制推薦 ┤特別推薦
　　　　　　　　　　　　　└一般推薦 ┤共通テストあり
　　　　　　　　　　　　　　　　　　└共通テストなし

総合型選抜 ┤共通テストあり
　　　　　　└共通テストなし

★併願の可・不可

　一般選抜は併願の制限がないため、合格したら必ず入学しなければならないという制約はいっさいありません。一方、「その大学・学部・学科に行きたい」という熱意や学問への関心が審査される推薦・総合型では事情が異なります。

　国公立大の推薦・総合型では、「合格すれば入学する」という「専願」しか認められていません。一方、私立大の推薦・総合型では「併願」可能校が相当数にのぼります。また、大学単位ではなく学部・学科単位でも扱いが多様で、文学部のなかでも英米文学科だけ併願可という例もあります。

国 立 大	公 立 大	私 立 大
専　　願	専　　願	「専願」「併願可」もありで、多様

　したがって、併願可の私立大を数校受けつつ、専願（あるいは「本学を第1志望校とする者」という限定）の大学を1つ受験するという作戦、あるいは、推薦・総合型で「おさえ」の大学を確保しつつ一般選抜でチャレンジ校を複数受けるというプランもありえます。

★調査書による出願条件の有無

　「調査書」、つまり学校の成績（「評定平均」や「学習成績の状況」などとも表現されます）によって出願できる・できないという条件があるかどうか、という点にも注意が必要です。この場合の条件は、高3の1学期までの成績です。

学校推薦型選抜	国 立 大	公 立 大	私 立 大
成績の条件 「あり」の方式	「あり」が主流	「あり」が主流	あり
成績の条件 「なし」の方式	あり	あり	あり

総合型選抜	国 立 大	公 立 大	私 立 大
成績の条件 「あり」の方式	あり	あり	あり
成績の条件 「なし」の方式	あり	あり	あり

テーマ 02　そもそも、大学受験の面接ってナニ？

重要度 ★★★★★

★大学での面接では学問への関心が問われる

　　　　高校受験の面接で見られるおもな点は、生活態度につながる姿勢です。高校では、規律と学びがセットと考えられているからです。事実、高校教員の業務には、教科指導とともに生活指導も含まれます。一方、

大学教員の業務には生活指導は含まれません。

　大学教員は教育者ですが、研究者でもあります。ここが肝心な点です。研究活動を行っている高校教員もいますが、必須業務ではありません。

	生活指導	研　　究
高校教員（教諭など）	○	△（する人もいる）
大学教員（教授・准教授・講師）	×	○

　高校教員は文部科学省による学習指導要領に従って教科指導を行います。一方、大学教員はなんらかの学問分野を専門としてもっていますが、学問にはあらかじめ学習指導要領のようなただ1つの方向性や正解は用意されていません。大学受験の面接では、将来の学生候補である受験生は、大学教員によって、

学問を研究しそれを教育する者としての目

から見られます。だから、みなさんは、自分がもっている学問への関心を試験官である大学教員に伝える必要があるのです。

高校／大学	どこが見られているのか
高校受験の面接	生活面・規律面
大学受験の面接	学問への関心

★大学生の呼称は、「生徒」ではなく「学生」

日本では、教育の段階によって「学ぶ者の名称」が変わります。

教育段階	学校の名称	学ぶ者の名称
初等教育	小学校	児童
中等教育	中学・高校	生徒
高等教育	大学	学生

ここからわかるように、受験生であるみなさんに課せられる面接は、生徒ではなく学生になるために必要な関門なのだと心得ましょう。したがって、志望理由書に「オープンキャンパスで貴学の生徒が親切で」と書いたり、面接で「貴学の生徒になれましたら」などと話したりしたら、試験官に「この受験生は、わかっていないな」と思われてしまいます。

学問には、唯一解は用意されていません。その学問を学生として学ぶ資格が得られるよう、面接では学問への関心と熱意を語りましょう。

★学生には「学びの主体性」が求められる

以上のことから、面接で「自己PRしてください」と言われた際、もしくは文書として自己PRを提出する際には、注意が必要です。

たとえば、「学校で出された課題はすべてこなしてきた」とか「先生に言われたことはしっかり守ってきた」などという回答や記述では、まったく不十分です。それは「生徒」の立場からの説明でしかありません。アピールすべきなのは、「学生」としての、

学問への主体的なかかわりと熱意＝学びの主体性

です。

そもそも、「PR」はpublic relationsの略語であり、「公的な諸関係」や「公報・広報」などと訳されます。つまり、単なる自己アピールで

はないのです。

　推薦・総合型で試験官を務めるのは、志望学部の研究者（教授、准教授、講師など）です。みなさんは、特定の学部の志望者です。学問の場を共有するという公的な諸関係のなかで自己を語る必要があります。つまり、

　　どのような経験から、どのような学問的関心と熱意をもっている
　　　　　　　　　　　　　自己なのか

が語れなければなりません。たとえば、一般選抜では学部まで選べない東京大でも、推薦型選抜では学部単位で選考されます。特定の学部を志望することにはそれ相応の覚悟が必要なのです。

★志望理由書を丸暗記して話すのはダメ

　　　　　　面接での回答も、以上のような学問への関心がベースとなります。推薦・総合型の面接では、「立て板に水」のごとく流暢にスラスラ話せることが求められているわけではありません。アナウンサーの試験ではないからです。たとえつっかかっても、言い直しがあっても、ゆっくりトツトツとした口調でもかまいません。熱意が伝わればよいのです。そのため、

　　　　　　志望理由・研究計画はとことん具体化

しておきます。また、

　　　　志望理由書を丸暗記して面接の場で朗々と唱えるのはダメ

です。丸暗記していると、緊張のなかで言葉が飛んでしまい、パニックになりかねません。面接は、『いろは歌』『平家物語』の暗唱大会や暗記力の試験ではありません。あなたが志す学問に関する公的な対話でなければなりません。対話が必要ですから、一方的に伝えるだけではダメなのです。

　志望理由書に記した内容のうち、最重要要素・要点だけを覚えてください。面接では、目の前にいる試験官に対して誠実に言葉を届けるよう心がけ、あとは流れに任せましょう。

志望理由書を丸暗記する	×
要点だけ覚えて、目の前の相手に熱意を語る	○

★面接を練習する目的

　　　　　面接を練習する目的は、本番での緊張をなくすことではなく、自分の学問への関心とその熱意を伝えることにあります。学問の場を共有するという公的な諸関係のなかで、自分がめざす学部・学科の大学教員と対面するのですから、緊張するのは当たり前です。むしろ、緊張感を欠くほうが問題です。

　学校で面接の練習を受ける場合には、<u>担任の先生や進路指導の先生だけでなく、ほかの先生にも事情を話して面接対策のトレーニングに付き合ってもらえるよう</u>お願いしましょう。多忙をきわめる学校の先生に交渉することは、対話力を高める訓練として役立ちます。

面接の練習は、本番で緊張しなくなる練習	×
緊張していても自分の学問への関心と熱意を語れる練習	○

　　　　　高校教員に関する話題に関連し、ここで、日本の高校教員が多忙である理由を、米国との比較で示します。

　　　　　日本の高校教員の労働時間はOECD（経済協力開発機構、いわゆる先進国クラブ）加盟国で最長ですが、教科指導の時間は平均以下です。「部活動指導」「生活指導」「進路指導」なども担当しているからです。米国なら、これらの仕事は教員以外の担当者が引き受けます。日本では、部活動指導を外部委託することについて、ようやく議論が始まりました。日本における教員の働き方改革への取り組みは緒についたばかりです。

第1節 面接の基礎知識

テーマ 03 人文・教育系の面接ではどこが見られるのか

重要度 ★★★★★

★推薦・総合型は学部・学科単位での試験

推薦・総合型では、志望理由書・面接・小論文の審査とも、志望学部・学科の教授などが担当します。先のテーマ02で触れた高校受験との違いだけでなく、

一般選抜と推薦・総合型との違い

もよく理解しておいてください。一般選抜では、教科学力（英語、国語、地歴公民など）の得点が問われますが、人文・教育系への学問的関心や志望理由は問われません（＊ただし、教育系の一部では、一般選抜でも面接を課す場合があります）。

一方、その学部・学科、つまり人文・教育系の学問への関心や熱意など点数化しにくい要素を評価するのが推薦・総合型ですから、そこにチャンスがありますし、準備の必要も生じます。

大学受験の面接は、いわば「公式のインタビュー」です。人文・教育系学部・学科の面接では、志望学部・学科の教員が試験官＝インタビュアーとして、回答者＝インタビュイーである受験生にさまざまな質問を投げかけます。ここでの主役は、受験生であるみなさんです。

受験生	インタビュイー・回答者	主役
大学教員	インタビュアー・質問者	脇役

面接での役割

★「ありのままの自分」ではない自分を見せよう

「受験生が面接の主役」だと聞いて、面接に対して恐怖心をもった人もいるかもしれません。しかし、けっして緊張をあおっているわけではありません。

私がお伝えしたいのは、

　　　審査される側だからといって卑屈になる必要はない

ということです。

「研究オタク」（ほめ言葉です）である大学教員の役割は、合格させたい人材をインタビュアーとして見きわめることにあります。

　大学教員は受験生にさまざまな質問をしますが、受験生の私生活をのぞき見たいわけではありません。「休みの日は何をしていますか」という質問では、受験生が人文・教育系進学にふさわしい資質を有しているかどうかを探っているのです。

　みなさんは、

　　　「ありのままの自分」をさらけ出す必要はありません。

　いや、むしろさらけ出してはなりません。みなさんに求められているのは、人文・教育系の学部・学科をめざすオフィシャルな自己像を見せることです。

ありのまま・「素」の自分	×
プライベートな自分	×
人文・教育系にふさわしい資質をもつ自分	○

面接という公式インタビューで見せる自己像

　したがって、前出の質問に対しては、「休みの日でも、この1年は、●●学が専攻できる大学を調べていました」「休みの日にできた時間を利用して、▲▲学関連の本を読んでいました」などと回答することが望ましいのです。

★面接では「演技」が必要

　　　　　「『面接で演技しろ』って言うのですか!?」。そのような声が聞こえてきそうです。日本では、「ありのまま・『素』の自分」が大切であり、「演技」は「偽善」と同じように「いかがわしい」「やましい」ととらえられる傾向がありますからね。どうしてそうなのかは、それこそ人文系の研究テーマになりそうですが、ここでは人文・教育系受験生としての役割を果たすべく振る舞おう＝演技しようと言いたいのです。

　これは、面接試験という一時的なイベントだけでは終わりません。入学後も人文・教育系の学生としてふさわしい振る舞いが期待されます。ロール・プレイということです。

★あなたがもつ「人間への関心」はホンモノ？

　　　　　先述のとおり、推薦・総合型の面接は、志望学部・学科の教員が担当します。では、その教員は受験生のどこを見ているのでしょうか。

　人文・教育系では、以下が探究対象となります。
- 人間自体
- 人間がつくったもの
- 人間を成長させる方法

　以上から、人文・教育系の面接では、受験生がもつ「人間への関心」が確かであるかどうかが見られていると言えます。

　少し例を挙げてみます。いずれも、実際に面接で聞かれた質問です。

- 外国人が関心をもつ日本文化とはどのようなものか。
　　　　　　　　　　　　　　　　　　　〔千葉大・国際言語文化〕
- 日本古典文学の魅力を伝えるにはどうすればよいか。
　　　　　　　　　　　　　　　　〔お茶の水女子大・日本語日本文学〕
- コミュニケーションについて思うことは何か。　〔山口大・人文〕

- 自閉症の特徴について知っていることは何か。〔琉球大・心理〕
- SNSのプラス面とマイナス面は何か。〔関西学院大・言語文化〕
- 言葉の意味が時代とともに変化するのはなぜか。具体例とともに説明せよ。〔東京学芸大・日本語教育〕
- 哲学・倫理・宗教の共通点と相違点は何か。〔筑波大・人文〕
- 自分は、コミュニケーション能力があるほうだと思うか。〔富山大・芸術文化〕
- 多文化共生の理想像はあるか。〔弘前大・文化創生〕
- あなたの街の魅力・地域の活動に対してどう貢献してきたか。〔岩手大・人間文化〕
- コミュニケーションのために大切なことは何か。〔獨協大・外国語〕

　いかがでしょうか。こうした質問に対してどう答えていくのかについては第3章でくわしく扱うので、安心してください。人文・教育系面接で見られるのは、人間にかかわる学問への関心・人間への関心がホンモノかどうか、という点です。面接では、質問への回答内容が完璧かどうかよりも、人文・教育系を志す者として誠実に考えているかどうかが問われるのです。

★人文・教育系では「対人コミュニケーション能力」が大切

　人文・教育系は「人間」を扱いますから、面接という対人コミュニケーションの場は、ほかの系統よりもいっそう重要です。

「対人コミュニケーション能力」とは、相手を尊重し質疑応答を重ねられる力です。たとえば、文学・哲学・歴史をめぐる解釈や討論、フィールドワークでの取材、心理カウンセラーや教育者の仕事ではこの能力がとても大切です。それは、「おしゃべりがうまい」「愛想がよい」「場の空気が読める」などを意味しません。以降、順を追って説明していきます。

テーマ 04　面接の心がまえ①——学問への意欲をアピールする

重要度 ★★★★★

★学問への関心の具体化・詳細化

　　　推薦・総合型では、学問への意欲をどれだけ具体的に語れるかが勝負です。ですから、たとえば「文学を学びたい」という回答では大ざっぱすぎます。同様に「文学部で学びたい」など、学部名を伝えるだけでは掘り下げが足りません。回答には、「近代日本文学、なかでも夏目漱石の文学論に関心があります。なぜなら～」「イスラーム文学、なかでも女性の描かれ方に興味があります。というのも～」「米国の幻想文学、とくにエドガー・アラン・ポーに関心があります。どうしてかというと～」などの具体化が必要なのです。

　めざすべきは、大学の卒業論文における仮テーマを設定することです。

　卒業論文は、大学で一般教養科目と専門科目を学び、3 年次からテーマの設定と研究の準備を始め、たくさんの文献を読み進めながら 4 年次の 12 月ごろに提出します。なお、卒業論文が必須ではない大学・学部もあります。大学の卒業論文を受験生の段階でイメージするのは大変ですが、無理だと決めつけず、たとえ仮でもよいので、いまの段階で自分なりにテーマを設定してみてください。

★どのような学問分野があるのか

 　面接の準備段階では、どのような学問分野があるのか、自分がいだいている興味がどこにあてはまるのかを考えていきましょう。場合によっては、複数の学問分野にまたがるもの（学際系・総合系）なのか、新しい学問分野（新領域創生）を開拓する必要があるのかまで考える必要があります。

　人文・教育系の例として、「文学」を挙げて詳細に分類してみます。なお、以下の分類は、大学の学科名や専攻名・専修名に該当するものと、大学の授業名・講義名に該当するものをそれぞれ含みます。

国・地域、あるいは言語による分類	英国文学（英米文学）、フランス文学、ドイツ文学、日本文学（国文学）、中国文学、イスラーム文学など
時代による分類	古代・中世・近世・近代・現代、●●世紀など
比較文学	各国の文学作品を比較し、表現・精神性などを対比させて論じる立場
伝承文学・口承文学	文字ではなく口頭で語り継がれたもの
純文学以外の分類	大衆文学や映画・漫画・2次創作ともからめたカルチュラル・スタディーズ

　ちなみに、哲学や歴史学の場合でも、上記のような分類があてはまります。また、文学は作品内容で分類することも可能です。たとえば、「リアリズム文学」「ドキュメンタリー文学」「ロマン主義文学」「幻想文学」「自伝や伝記文学」「児童文学」「私小説」「社会派小説」などです。

　これらよりも細かい分類としては、作家による分類、歴史上の人物や哲学者による分類などもあります。

★学ぶ目的を明らかにしよう

　　　　少し視点を変えます。引き続き文学を例にとりますが、ここでは分類ではなく目的に注目します。この段階では、「なぜ・何のために●●文学を探究したいのか」という、みなさん自身の個人的な動機や学びの構想を浮かび上がらせます。

● 文学という言語芸術そのものを探究したい。

● 言語の本質的な機能を理解したい。

● ある地域・ある時代に生きた人間のメンタリティを理解したい。

● 文学が社会変動から受けた影響を知りたい。

● 文学が社会に及ぼした影響を知りたい。

● ほかの学問分野との影響関係を知りたい。

● ほかの文化領域との影響関係を知りたい。

　志望理由を強くアピールするためには、このように、志望校で探究したい内容を明確に述べる必要があります。自分自身の内面にさまざまな問いを投げかけ、学ぶ目的を引き出しましょう。

　学ぶ目的を掘り下げるのが難しい場合には、大学のパンフレットや公式サイトなどを参照してもかまいません。その際には、これから動機や構想のヒントを得るんだという姿勢で読み込みましょう。

　以下は、私が読んだ本のなかにあった、文学の魅力を伝える表現です。

例1　「地球最後の日に読んでもおもしろいのが文学」（内田樹『疲れすぎて眠れぬ夜のために』／角川文庫）　＊フランス文学・現代思想の研究者

例2　「小説というものは、物語というものは、男女間や世代間の対立や、その他さまざまなステレオタイプな対立をなだめ、その切っ先を緩和する機能を有しているものだ」（村上春樹『職業としての小説家』／新潮文庫）　＊小説家

> 例3 「かつてサルトルは、アフリカで子どもが飢えているとき
> に文学に何ができるかと問うたが、……（中略）……文学が真
> に生きる糧となるのは、平時を平時として生きる者たちではな
> く、私たちにとって例外的情況を日常として生きるこれらの者
> たちにおいてなのではないか」（岡真理「『戦争』の対義語とし
> ての文学」／雑誌「思想」2006年9月号所収）　＊イスラーム
> 文学の研究者

★大学・学部・学科との「マッチング」

　　最後に、「マッチング」、つまり、受験生と大学・学部・
学科の特徴・個性との相性について述べ、このテーマを締
めくくります。

　たとえば、「インド哲学を研究したい」という熱意があっても、志
望する哲学科では西洋哲学の研究がメインであれば、マッチングがよ
くありません。

　あるいは、上智大や立教大のように外国語や国際関係の研究に強い
大学では「日本文学は学べない」と考えてしまう人がいます。でも、
実際にはこの2校にも国文学科と日本文学専修があり、日本文学の魅
力を英語で世界に発信したり、海外における日本文学研究をその言語
で解き明かしたりすることができます。また、國學院大のように日本
文学の研究に強い大学では「外国語が学べない」と考えてしまう人も
いますが、じつは同大文学部のなかには外国語文化学科があり、自国
の文学や文化を踏まえつつ世界の言語や文化が学べます。

　下調べ不足が原因であなたとマッチングのよい大学が志望校の候補
から漏れてしまうとしたら、もったいないですよね。

テーマ 05 面接の心がまえ②──大学での学び・研究への適性をアピールする

重要度 ★★★★★

★適性のアピールには「積極性」が必要

ここでは、能力や適性のアピール法を紹介します。

先の テーマ04 では、学問への関心を具体化・詳細化したうえで学びの動機を伝える方法に触れました。これをもっと豊かに「●●のために▲▲の■■を学びたい」と伝えるためには、学問への「積極性」がアピールできなければなりません。つまり、面接でのアピール点は、「適性」と「積極性」の両方なのです。

高校までと違い、大学にはホームルームは、原則としてありません。朝礼もありませんし、担任もいません。大学教員が作成した授業・講義内容の紹介資料であるシラバスを読み、必修科目・選択科目・一般教養科目・専門科目の区別を理解したうえで、受講する科目と、年間あるいは学期ごとの時間割を学生みずからが決めなければならないのです。

★高校での取り組みも面接の材料

私自身も、自由と責任がともなう学びの場としての大学に憧れ、静岡県の山奥から大志をいだいて上京しました。

大学では、わからないことは事務職員に質問したり、先輩などに聞いたりすることはできます。しかし、高校までとは段違いのレベルで主体性・積極性を発揮することが求められます。したがって、面接では、大学での学びの環境に適応できる、いや適応できるどころか大学という知のリソースを活用できるという適性をアピールすることが重要です。その準備として、現在を凝視し、過去を振り返って、主体的・積極的な取り組みとしてどのような例があったのかを掘

り下げていきましょう。

　面接で伝えるべき内容には、授業への取り組みも含まれます。高校での授業科目は、選択の幅が限られています。しかし、それだからこそ、自分オリジナルの取り組みが伝えやすいはずです。クラス全員が同じモチベーションで授業を受けているわけではありませんから。

　また、「自由研究」「課題研究」など、名称はどうであれ、自分でテーマを決め、資料を集めて文章にまとめたり発表したりした経験をもつ人もいるでしょう。それも面接用として格好の材料ですよ。

★学問に対する姿勢として参考になる情報

　ここで、以前北海道大で出た小論文課題を紹介します。読むべき文章資料が2つ出ました。1つは、経済学者である小泉信三の「学問の道」という文章。もう1つは、小説家である伊藤整の「使うべき駒」という文章です。なお、問題指示文は、「両者の主張を自分の経験と関連づけながら、あなた自身の勉強に対する姿勢を論じなさい（500字以内）」と記されていました。

　前者の文章は、「テストのための勉強や他人に向かって点数を誇るような勉強はダメ。そうではなく、物事を知ることそのもの、学問そのものを大事にして人類に貢献する学びが重要だ」と説いています。

　一方、後者の文章は「1つのことだけに熱中するのは不十分であり、その1つのことを生かすためにも多くのことを広く勉強すべきだ。知識は『駒』としてたくさんあるほうがよい。むだはすべて有用である」と説いています。

　どうですか。この出題は、受験生の学問への姿勢を試す材料として、とても参考になります。500字まで書けなくてもかまわないので、面接用に練習してみましょう。

★「主体性（積極性）」は、一般選抜の出願条件としても重要

　「主体性」の対象は、勉強・学業面だけにはとどまりません。海外留学経験、ホームステイの受け入れ経験、部活動、委員会、文化祭・体育祭活動、課外活動、ボランティア、趣味、ネットでの配信などの経験・活動も対象となります。

　主体性は、推薦・総合型だけで求められる資質ではありません。なんと、いまでは多くの大学が一般選抜の出願条件としても主体性を求めているのです。どうしてかというと、文部科学省が学習指導要領に「主体性をもって多様な人びとと協働して学ぶ態度」をかかげ、各大学に対して受験生に記載させるよう求めているからです。

　以下、例を挙げます。

- ●慶應義塾大：「主体性」「多様性」「協働性」についてどのように考え、心掛けてきたかを入力（100字以上・500字以内）。合否判定には用いない。
- ●國學院大：過去3年の期間で主体的に取り組んだ活動について記載した資料を提出。合否判定には用いない。
- ●上智大：高校生活において主体的に取り組んだ活動の成果や、留学・海外経験、取得した資格・検定などの学修データを提出。得点化しない。
- ●法政大：「主体性をもって多様な人びとと協働して学ぶ態度」にもとづいて活動・経験してきたと考えていることについて入力（100字以上・500字以内）。合否判定には用いない。
- ●早稲田大：「主体性をもって多様な人びとと協働して学ぶ態度」にもとづいて活動・経験してきたと考えていることについて入力（100字以上・500字以内）。得点化しない。

　どうでしょうか。各大学の指示が似ていますね。文部科学省から「やらされている感」が出ていて、多くが「合否判定には用いない」「得点化しない」と抵抗を試みています。本来、どのような学生を選抜するかは大学の自治・学問の自由にかかわりますからね。

　一般選抜の受験生であれば、この条件に従って「仕方なく書く」人が多いかもしれません。しかし、推薦・総合型の受験生であれば、この指示には本気で取り組みましょう。一般選抜も受ける場合には、その準備を兼ねます。面接対策としても大いに役立ちます。

　以下、補足があります。

「主体性」は「積極性」と言い換えられるだけでなく、「自発性」「指導力・リーダーシップ」「自分の頭で考える」「行動力」「『問題発見』『問題解決』の能力」「希望と可能性の発見能力」なども意味します。

「多様な人びと」は、外国など異文化圏の人びととは限りません。高校のクラスメイトも部員も、あるいは地域住民もここに含まれます。

「協働」は、「和気あいあい」や「みな一丸となって」という意味ではありません。むしろ、対立・葛藤・衝突がありつつも対話を重ね、議論を深め合意を引き出すという知的な営みを意味するのです。

テーマ 06 大学と学問の情報収集法

重要度 ★★★★★

★パンフレットと公式サイトを比較検討しよう

志望校を決定するうえで便利なのが、各大学のパンフレットと公式サイトの情報です。もうすでに決めている人にとっても、志望校の特徴をつかむためにこれらが必要です。

パンフレットは、「大学入学案内」「ガイドブック」「大学案内」「大学インフォメーション」「キャンパスガイド」「進学案内」など、名称はさまざまですが、各大学から毎年発行されています。

国公立大の場合は有料が主流で、私立大の場合は無料（発送料のみ負担という場合もあります）が主流です（授業料は、国公立大のほうが安いのですが……）。

以下、入手方法を案内します。

- 各高校の進路資料室などに置かれている資料請求ハガキを利用する。
- 「マイナビ進路」「スタディサプリ進路」など、パンフレット取り寄せの専用サイトを利用する。
- 各大学公式サイトから注文。大学によっては「電子版」「PDF版」もあり、ダウンロード可能。

志望理由書や面接の材料を比較検討しやすいという理由から、個人的には紙のパンフレットがおススメです。電子版なら、プリントアウトして使いましょう。

「比較検討」と言いましたが、志望校を決めている人もそうでない人も、パンフレットは複数取り寄せましょう。たとえ受験する予定はなくても、気になる大学のぶんは最低でも5校程度を手元に置くのをおススメします。

★資料のどこを見るべきか①：学問の魅力・学問の特徴

　　　　そのような資料ではまず何を見るべきでしょうか。それは、学問の魅力や学問の特徴に関する説明です。資料を見ると、すでに志望校を決めている場合でも、その学問分野への魅力の再発見・再確認につながります。また、ある学問の存在とその存在意義にはじめて気づかされることもあります。

　以下、いくつか例を挙げます。

　例1　文学：慶應義塾大のパンフレット（2023年版）からの引用

　「現代社会はめまぐるしく変化……（中略）……しかしそのような状況であればこそ、人間と人間の生み出した文化の本質に目を向ける文学部の学問の重要性はより高まっています。周囲の状況に右往左往することなく、個人としての変わらぬ視座を獲得することを文学部はめざしています」

　例2　歴史：早稲田大のパンフレット（2023年版）からの引用

　「古代〜現代の歴史を多面的に研究することは現代の社会問題を解く鍵ともなります」

　例3　臨床心理学：青山学院大のパンフレット（2023年版）からの引用

　「臨床心理学は、科学的な視点、様々な理論と知識とともに、多様な人との出会いの場で実際に感じ考えていく実践的な学問です」

　例4　国際関係学：津田塾大のパンフレット（2023年版）からの引用

　「国際関係学科には『国際関係学』という名前の授業はありません。政治・経済・外交などの視点に加え、文化的、社会的背景も踏まえた多様な視点からアプローチし、国際機関、国家、地域社会、民間企業、NGO・NPO、そして個人レベルの現代社会に起こるさまざまな問題を総合的に考察します」

いかがでしょうか。それぞれの学問について、別の大学ではどのように説明されているのだろうか、と興味がわいてきませんか。

★資料のどこを見るべきか②：教員・授業・研究

次に、教員の情報、その教員が担当する授業内容、および専門とする研究内容に関する説明に目を通します。とくに、志望校が決まってきたら、その大学が発行した過去のパンフレットを参照するのがおススメです。

パンフレットでは、大学教員が学問の魅力を存分に語っています。私もよくパンフレットを見ますが、意義深い言葉にたくさん出合います。

しかし、パンフレットの文言は毎年入れ替わります。このような役割は、教員間で毎年持ち回りで担当されるからです。みなさんの琴線に触れる言葉が最新版パンフレットに載っているとよいのですが、その保証はありません。過去のパンフレットも見てほしいと言ったのは、そのためです。

ところで、過去の資料はどこで入手すればよいのでしょうか。第1に高校の進路資料室、第2に各大学公式サイトです。一例ですが、東京外国語大の公式サイトでは、過去5年間分の大学案内がダウンロードできます。「過去パンフ」の意義をよく把握していることがわかりますね。

いくつかの資料を比較していくと、志望校だけでなく、日本の大学の共通点もわかってきます。

- 高校までとは異なり、時間割を学生自身が組まなければならない。
- 第1外国語・第2外国語が必修。
- 1・2年次ではおもに一般教養科目を履修し、専門科目は3年次からの履修が多い。
- 人文系では卒業論文を課す大学が多い（教育系では必須でない場合

がある)。

- 一定程度であれば他学部の授業も自分の所属学部の卒業単位として認められる他学部履修が可能。

　したがって、志望理由書や面接で「他学部の授業も受けられることが貴学の魅力です」などと述べるのは見当違いであることがわかりますね。そのようなしくみは、たいていどこの大学にもあるからです。

★「偏差値の目」と「学問への関心の目」

　みなさんに意識してもらいたいことがもう1つあります。それは、通常の学力試験がない大学や、共通テストを課さない大学を推薦・総合型で受ける場合には、偏差値という基準で選ぶことが必ずしも正しいとは限らない、ということです。推薦・総合型の場合には、教科学力のように点数化したり偏差値で測ったりすることができない学問への熱意や関心を大学側が審査する意義を、よく考えてほしいのです。

　たとえば、筑波大のような難関国立大でも、志望理由書・小論文・面接で合格できる学校推薦型選抜を実施しています。私が受け持った生徒にも、志望理由書に「妖怪を研究したい（民俗学・民間伝承の研究）」理由とその学問的意義および具体的な研究計画を記して合格した例があります。

　「自分を入れてくれそうだから」などと、偏差値という基準だけに頼ることは、志望校で扱う学問分野への熱意や関心とは正反対の選び方です。推薦・総合型の志望校選びでは、取り組みたい学問が学べる最高の環境がどの大学に用意されているのかをじっくり調べてください。

テーマ 07　本の情報収集法①──本との出合いの場

重要度 ★★★★★

★読んできた本を挙げられる強み・挙げられない弱み

　　　　関心のある学問分野への熱意を志望理由書や面接で伝える際に、読んできた本を挙げられることは強いアピールとなります。入学後、人文・教育系学部では、

専門分野の本を読むことが学びの大きな柱になる

からです。面接で関心分野についてどのような本を読んできたかと問われて「読んでいません」などと答えるのは、想像するだけで戦慄が走ります。

　では、すてきな本に出合える「場」はどこでしょうか。

---

❶　学校の図書室、および住んでいる地域の公立図書館、書店

❷　「スタディサプリ LIBRARY」 https://shingakunet.com/library

❸　Amazon などのネット書店

❹　本を紹介している本（「本の本」）

❺　入試問題出典（じつは、そうと気づかずに読んでいた！）

　以下、それぞれの特徴を紹介します。

★学校の図書室、および住んでいる地域の公立図書館、書店の利用

　　　　学校の図書室に勤める司書教諭、および図書館に勤める図書館司書は、書籍案内のプロフェッショナルです。司書教諭と図書館司書は本が大好きなだけでなく、「●●の分野でよい本を教えてください」という問い合わせに答えることを至上の喜びとしています。仲よくなって、継続的にアドバイスをもらえる関係をつくりましょう。これは、対話によるコミュニケーション能力

の鍛錬にもなります。

　学校の図書室・図書館には、複数の本を無料で借りられるという大きなメリットがあります。しかし、自分が所有しているわけではないので、本への書き込みは禁止です。重要箇所はコピーをとりましょう。また、気に入ったら購入してください。自分の関心分野における良書を「座右の書」として手元に置いておくことには、いつでも参照できるというメリットがあります。

　学校の図書室・図書館には、もう1つのメリットがあります。それは、紙の新聞が無料で読める点です。家で紙の新聞を定期購読していないのならぜひ利用しましょう。新聞に目を通しておくと、時事問題にくわしくなれます。時事問題は、面接でもよく問われますよ。

　また、学校の図書室・図書館だけでなく、書店に行くという習慣も身につけてください。フロアが分野ごとに異なる大型書店に勤める書店員は該博（がいはく）な知識の持ち主であり、本好きであるとともに「本のプロフェッショナル」でもあります。「推薦・総合型に備えて本を探しています。よい本を教えてください」と言ったら、喜んで助言してくれるはずです。

　なお、図書館には古めの本も所蔵されていますが、書店で扱われている本は比較的新しいものが中心です。

★公式サイトの利用：「スタディサプリ LIBRARY」

　リクルートが運営する受験生用サイトです。ここでは、「5つの扉から未来の『好き』につながる」と題して1,144冊もの本が紹介されていて、サイト内が「27のテーマ」に分類されています。興味がもてそうなテーマからアプローチしましょう。ここでは、「5つの扉」を挙げます。いずれも、高校生・受験生向けとして選ばれています。

> ❶　自然と人間のサイエンス：「探求せずにはいられない、宇宙と地球の未知に挑む」⇒7テーマ／144冊

❷　社会と情報のテクノロジー：「世界も世間も不確実で不安定、複雑な社会を生き抜く技術を獲得する」⇒ 4 テーマ／ 81 冊

❸　宗教と文明のヒストリー：「歴史には千の教えがある。人類の生きてきた軌跡に大胆に迫る」⇒ 6 テーマ／ 120 冊

❹　言葉と哲学のメソッド：「言葉は思考の道具。何を考え、何を伝えるのか、表現の方法を学ぶ」⇒ 5 テーマ／ 102 冊

❺　遊びと創造のアート：「はじめに遊びあり。デザインもアートも演劇も楽しむことを貫く人たちに出会う」⇒ 5 テーマ／ 114 冊

★ネット検索サービスの利用：Amazon などのネット書店

　　　　Amazon をはじめとするネット書店を利用する方法です。関心のある学問分野、たとえば「フランス文学」というキーワードで検索すると、関連する本のタイトル（書名）とカバー画像がたくさん表示されます。これらの情報だけでも、自分にとって役立ちそうな本であるかどうかが、ある程度まではわかりますよ。

　本のなかでとくに高校生におススメなのは、「新書」というジャンルです。大学教員をはじめとする専門家が専門家でない人向けに書いたもので、高校生でも読めます。「岩波新書」「角川新書」「ちくま新書」「中公新書」などのレーベルがあり、なかでも「岩波ジュニア新書」は、中高生向けに書かれた学問の入門書として強くおススメします。

　なお、ネット書店では、著者紹介、目次、内容ダイジェスト、出版社からのコメント、読者レビューなどの情報が確認できます。ただし、読者レビューのなかには批評の水準を満たしていないコメントも多いので要注意です。

★「本の本」の利用：本を紹介している本

　　　　「本を紹介している本」である「本の本」は、よい本とのすてきな出合いの場を演出します。いくつか例を挙げます。

- 『本へのとびら──岩波少年文庫を語る』（宮崎駿／岩波新書）：児童文学の案内書。宮崎駿はスタジオジブリの監督。
- 『フランス文学は役に立つ！「赤と黒」から「異邦人」まで』（鹿島茂／NHK出版）：楽しく、含蓄のあるフランス文学案内。鹿島茂は元明治大学教授。
- 『現代歴史学の名著』（樺山紘一編／中公新書）：書名のとおり、歴史学の名著を21点紹介。樺山紘一は東京大学名誉教授。
- 『世界史読書案内』（津野田興一／岩波ジュニア新書）：約90冊の歴史関連本を紹介。津野田興一は都立高校教員。
- 『ギリシア・ローマ古典文学案内』『フランス文学案内』『ドイツ文学案内』『ロシア文学案内』『スペイン文学案内』『近代日本文学案内』（以上、岩波文庫 別冊）：各文学の大家が作品内容を紹介。

★入試問題出典の利用：じつは、そうと気づかずに読んでいた！

　私は、予備校での授業で次のように言っています。「大学教員は、読む価値のある文章を素材にして入試問題作成にあたっています。だから、現代文の入試問題として出ている数ページの文章は、何百ページもあるもとの本から抜粋された『イイトコどり』です。みなさんは、授業のたびに良書の凝縮版で読書しているのです」と。

　国語の教科書、現代文や小論文の模試や問題集、予備校のテキスト、志望校の過去問、センター試験・共通テストの過去問などに出てきた文章で、自分の琴線に触れる内容がきっとあったはずです。このように、高校での勉強と受験勉強は、学問への関心に結びつくのです。

　以下、共通テスト「国語」現代文の出典を例として挙げてみます。

- 2021年度第1日程「論説」：香川雅信『江戸の妖怪革命』⇒民俗学・伝承文学・社会心理学分野
- 2021年度第2日程「論説」：多木浩二『「もの」の詩学』⇒美術史・工芸史分野

第 2 節　面接のための準備

テーマ 08 本の情報収集法②──「資料読み」という方法

重要度 ★★★★☆

★本には多様な読み方がある

「読書」には、朗読、黙読、精読、速読、次々と本を購入しても読まない「積読」など、さまざまな形態があります。

本には「消費期限」はありませんので、冷蔵庫に入れなくても腐ったりはしません。好きなときに好きなように読めばよいのです。

気に入った本、さらには「自分の人生・運命を変えた本」を一字一句味わうように精読したり、何度も読み返したりするのはすばらしいことです。一方、ここでは、それとは違う「資料読み」についてガイドします。

資料読みとは、

自分にとって必要・重要そうだと思われる箇所を

見つけるつもりでペラペラめくる読み方

です。資料読みでは、全ページを熟読する必要はありません。極端に言えば、半ページでも OK です。「本は、買ったら・借りたらすべて読み切らなければならない」という強迫観念が「本ぎらい」を増やしている側面があります。良書とのハッピーな出合いの機会を増やすには、「読み切らない勇気と自由」をもつことが必要です。

★装丁・タイトル・サブタイトル・オビのキャッチコピー

以下、「資料読み」として目を通す部分について説明します。

まず、「本の顔」にあたる「装丁」です。装丁とは「本の体裁」を意味し、本体をくるむ「カバー」、カバー下部につく「オビ」、文字が特別にデザインされた「ロゴ（ロゴタイプ）」などを含み

ます。これらは、本の印象を左右する、きわめて大切な要素です。また、本の書名である「タイトル」や「サブタイトル」も、資料読みの対象となります。

オビには、読者に訴えたい本の特徴やキーワードをまとめた「キャッチコピー」という情報などが入ります。キャッチコピーは編集者によって書かれるのが一般的ですが、著名人による推薦文が載ることもあります。

なお、Amazonなどのネット書店では、以下のような内容ダイジェストを確認することができます。

> 例1 「世界は、教養なくして語れない。歴史とは何か？ ヒューマニズムとは何か？ 近代とは何か？ 揺れる世界を視るには教養が必須となる。根源的な歴史哲学や論理が現実に強い影響を与えているからだ。重厚な知の連続講義！」
>
> 『思考法 教養講座「歴史とは何か」』(佐藤優／角川新書)
>
> 例2 「大学論の第一人者による緊急提言！ 大学は何に奉仕すべきか？ 迷走した廃止論争の真相と、日本を救う知の未来像」
>
> 『「文系学部廃止」の衝撃』(吉見俊哉／集英社新書)

どうでしょうか。内容ダイジェストに目を通せば、たとえ内容を読まなくても、本に関する情報をたくさん得ることができるのです。

★「まえがき」「あとがき」「もくじ」「著者紹介」「解説」も情報源

以下は、自分の進路選択にとってヒントとなり、自分の関心分野の情報を与えてくれる要素です。

「まえがき」は、本が書かれた意図や目的を端的に表す箇所です。ここからは、現在の自分にとって参考になる本かどうかがわかり、文章の難易度も予測できます。一方、「あとがき」は、執筆の苦労話や編集者とのやり取りなどの「楽屋ネタ」が多く、「まえがき」よりもくだけた感じで書かれています。著者への親しみを感じやすい箇所です。

「もくじ」は、内容についている小見出し（＊後述します）とその掲載ページの情報が載ったリストであり、「まえがき」と同様、巻頭に収録されます。

「著者紹介」は、著者のプロフィールが記される箇所です。ここからは、著者の経歴、現在の肩書、著書の情報などがわかります。

「解説」は、ついていない場合もありますが、第三者による論評（たいていは好意的なコメント）であり、内容理解の参考になります。

以上の箇所は、その本の内容まで読むべきかどうかを判断する材料となります。なお、「まえがき」に目を通しただけでも「読んだ本」として挙げることには問題ありません。

★「もくじ」「小見出し」は「資料読み」の先導役

 「資料読み」の方法の1つとして、「もくじ」の情報から判断し、自分にとって必要・重要そうだと思われる箇所だけに目を通す、というやり方があります。

とりあえず、「もくじ」で注目した箇所を半ページだけ読んでみてください。もし、自分が修めたい学問や仕事の魅力が書かれている箇所がある場合や、自分のハートに響いたり「カッコいい」と思えたりしたキーワードやフレーズがある場合には、付箋を貼る、コピーをとるなどの方法で記録を残しておきましょう。しかし、そういう箇所に行き当たらなければ、残念ながら自分とは縁がなかったと考え、その先を読むのはあきらめましょう。

本によっては、「小見出し」がついていることもあります。「小見出し」とは、文章の内容を2、3ページ単位ごとに短い言葉でまとめたものであり、読む際のガイド役を果たします。ここを拾い読みするだけでも本の全容がつかめます。

以上のように、「もくじ」と小見出しの情報を利用して、最低でも5冊は読んでみてください。これで肩慣らしできれば、「600ページ・2段組」などという大著にだって臆することなく、いどめる度胸がつきますよ。

★「資料読み」の方法は、大学入学後も使える！

　　　みなさんが晴れて希望の大学・学部に進学してから書く卒業論文では、自身が参考にした本を「参考文献リスト」として載せる必要があります。冊数にして50～100冊程度でしょうか。このようにたくさんの本から情報を得るためには「資料読み」が不可欠です。資料読みを行うからこそ、限られた時間内で膨大な冊数を消化することができるのです。

　私自身も、現代文や小論文の模擬試験を1回分作成するために、1週間で十数冊も資料読みを行います。「使えそうな本の使えそうな部分」を、資料読みで特定するのです。もっとも、資料として読み始めた本にのめり込みすぎて、仕事そっちのけで読み切ってしまうこともあるのですが。

★「参考文献リスト」「書籍案内」も情報収集に役立つ

　　　本のなかにも「参考文献リスト」や「書籍案内」がついている場合があり、新しい本との出合いを導いてくれます。

　拙著『東大のヤバい現代文』(青春出版社)は、東大入試で出題された評論を一般読者向けに解説した教養入門書です。歴史論、芸術論、デザイン論、環境倫理学、哲学、情報化社会論などのテーマについて、現代日本を代表する学者の文章を解説しています。入試問題は第一級の読書素材にもなりうるという例です。また、各テーマに関連した本も紹介していて、200冊ほどの読書案内となっています。

　最後に、文章の読み方そのものの技術について述べます。

　文章、とくに説明文（評論・論説）では、文中の「対比構造」に注目します。「主役キーワード」と「敵役キーワード」を対比して読むと、著者が何と何を比べて自分の意見を述べているのかが明確に理解できますよ。

テーマ 01 志望理由書で絶対に落とせない 2つのこと

重要度 ★★★★★

★「研究計画」と「将来像」

　　　志望理由書には、過去の「きっかけ」、現時点における学業への取り組みや試験に向けた準備（関心分野の本を読むなど）などに加えて、志望校入学後の学修プランである「研究計画」を記す必要があります。過去の「きっかけ」については 第2章／第3節／テーマ04 でくわしく取り上げますが、きっかけのない人はいないでしょうから、これは書きやすいはずです。

　一方、「研究計画」について説明できる人は多くありません。したがって、

　　　　研究計画こそが、志望理由書の評価を上げるポイント

なのです。

　もう1つ、志望理由書で必須となる要素は「将来像」です。将来像のうち、「卒業後の進路」については 第2章／第3節／テーマ07 でくわしく取り上げますから、ここでの「将来像」は、受験生がもつべき「大学在学中にどう成長したいかという具体的なイメージ」だととらえてください。

　以下、さまざまな受験生を想定し、網羅的にガイドします。もっとも、ガイドされたすべての事項を志望理由書に盛り込む必要はありませんが、この本で書かれた順序で準備はしてください。

★大学1・2年次の必修科目——外国語

　　　大学1・2年次は「教養課程」と言われる時期であり、ここでの必修科目の柱は外国語です。多くの大学では、英語が「第1外国語」で、「第2外国語」をフランス語、ド

イツ語、中国語などから選択します。また、大学によっては、そのほかに韓国語、スペイン語、ロシア語なども選択できます。

志望理由書には、自分の関心分野を深く掘り下げるためにどのような意欲をもってそれらの外国語を学びたいのかを記してください。たとえば、「●●分野に関する専門書を外国語で読む」「▲▲分野に関する最新研究成果のレビュー（雑誌への投稿論文）を英語で読む」などです。多くの大学では、外国語指導の教員が、学部・学科の専門で分けずに各言語を担当します。授業も複数の学部・学科合同で行われるのが一般的ですが、志望理由書では、「自分の専門分野に外国語の知識を生かすぞ」という気概をアピールしてください。なお、大学によっては、哲学や歴史学などを専門とする教員がその学科の外国語指導を務める場合もあります。大学の特徴を打ち出すため、あえてそのようなしくみをとっている大学さえあるのです。

いまや、医系と理工系の研究者が成果を発表する手段は、ほとんどが英語です。たとえ論文が母国語で書かれていなくても、英語が理解できれば最新研究にアクセスできます。人文・教育系では母国語で論文を書くことがまだ一般的ですが、それでも、教育の国際比較や心理学の実験など、英語で読める最新研究成果が大量に存在します。

英語ほどのメジャー言語ではない言語を学ぶ意義についても考えていきましょう。異文化を理解するためにも、また日本語や英語の特徴に対する鋭敏な言語感覚を養うためにも、英語以外の外国語を習得することはとても重要です。

私は、第2外国語としてドイツ語を選びました。ドイツの歴史や思想に関心があったからです。卒業論文のテーマには、ドイツ語圏であるオーストリア出身の哲学者カール・ポパーの歴史論を選びました。

さらには、必修科目以外にも選択科目として第3外国語を学ぶことも可能です。私は、学部時代は史学科にいましたが、大学院では哲学を専攻しようと考えていたため、その準備としてラテン語（古代ローマ帝国の公用語）と古代ギリシャ語の授業を履修しました。「神の声」

が聞こえてきそうなほど強烈に難しい言語でしたが、ラテン語を学んだことによって多くの欧米語の起源に触れ、このうえない知的興奮を味わえました。

★外国語学部の必修科目について

　外国語そのものが主専攻である外国語学部では、少し事情が異なります。外国語学部の学生は、専攻した外国語を学ぶ目的を考える必要があります。たとえば、言語学研究の1つである「英語学」には、英語そのもののなり立ちや特徴を学ぶという目的があります。そのほか、外国語の運用力によって国際的相互理解を深める、国際社会の問題解決に寄与する、学部では徹底して語学力を鍛え大学院で国際政治・国際経済・文化人類学などを学ぶ、という目的もありえます。

★一般教養科目について

　教養課程のもう1つの柱は「一般教養科目」です。この科目は、通常「人文科学」「社会科学」「自然科学」の各分野を横断し、おもに3・4年次から学ぶ専門科目のベースとなります。志望理由書では、「メインの学問分野を補足・強化するために、一般教養科目として●●学を受講したい」などと記しましょう。

　なお、史学科（西洋史専攻）に在籍していた私は、一般教養科目として「心理学」「文学」「政治学」「社会思想史」「人類学」「科学史」などを受講しました。履修にあたっては、とくに、それぞれの学問の方法論と各学問の目的、その学問によって何が見えてくるのかを意識しました。メインで学ぶ歴史学の研究方法や特徴を考えるうえで参考になるからです。一般教養科目を主体的に学び専門科目へつないでいくことは、大きな知的成長をもたらします。

★専門科目について

第1章／第2節／テーマ06 で説明したように、パンフレットや公式サイトを利用し、志望校で履修できる専門科目、教員の顔触れと研究内容を確認しましょう。さらには、教員が上梓している著書もチェックしましょう。

これらの情報源のなかから、志望理由書には、受講したい講義名と理由を記しましょう。また、とくに注目している教員、気になるゼミや研究室にも触れてください。

もちろん、実際に受講する授業は入学後に決めるものです。しかし、推薦・総合型であれば、「志望校で何をどう学びたいか」という研究計画が合否の判断材料となりますから、あらかじめ考えておく必要があります。パンフレットや公式サイトを確認し、入学後に受講する授業でどのような知的成長を遂げることができるのかを想像するのはとても楽しいことです。

★受験生に求められる「目」とは何か

ここでは、かつて京都府立大社会福祉学部で出題された小論文を、大学の授業を通じてどのように知的成長を遂げるかのヒントとして取り上げます。それは、「いまあなたが『2つの目』で見なければならないと感じていることは何か。具体例を示しながら600字以内で論じなさい」という課題でした。

この課題は、志望理由書向けにアレンジ可能です。私からみなさんに推奨したい「2つの目」があります。それは、「問題発見のための目」と「問題解決のための目」です。志望学部・学科で学ぶことによってどのような問題を発見できる目をもちたいのか、それをどのように解決できる目をもちたいのかをていねいに説明しましょう。

学問的知識と理論には、「目」としての機能があるということを意識しましょう。

テーマ 02 志望理由書でのアピール順

重要度 ★★★☆☆

★目をひく流れとストーリーとは

 前の テーマ01 では、志望理由書に不可欠な項目として「研究計画」と「将来像」の2つを挙げました。ただし、それはあくまで大前提であって、試験官の目をひく力強さという点ではまだ不十分です。各大学が指定する志望理由書の字数は、平均すると約800字、長い場合には約2,000字にものぼります。

志望理由書に大きな空白を残すなんてもってのほかですから、この2つを「土台」としながら、ここに「上物」をつけて内容を膨らませます。仮に志望校の志望理由書に求められる字数が短くても、以下のように準備しておけば、面接で堂々と話すためのストックになります。

 たとえ「上物」が多くても一連のストーリーとしてなり立たせるスタイル・語りの順番があります。それは、

将来像 ⇒ 過去 ⇒ 現在

という流れです。つまり、「将来こうなりたい」と結論を先に宣言するのです。

大学教員は、受験生が提出した志望理由書を何十枚も読まなければなりません。ですから、書き出しのインパクトが大事です。ツカミでひきつけ、最後まで興味をもって読んでもらえるように工夫しましょう。そのあとから、そのような大志をいだくに至った経験を書けばよいのです。

★書く前に必要な準備

　　　志望理由書は、いきなり書き始めてはなりません。志望理由書に盛り込むべき項目を箇条書きで記した「構成メモ」を、必ず事前につくってください。構成メモは、言うなれば「志望理由書の設計図」です。

　先ほど、志望理由書の冒頭に最もインパクトのある「将来像」を書くべきだとお伝えしましたが、「構成メモ」は過去から想起するとスムーズに書けます。メモ用紙としては、縦横75mmの付箋を利用するのがおススメです。書く順番を入れ替えたり、追加・削除したりするのに便利だからです。

　以下、志望理由書に記述すべき要素と内容を時間軸ごとに示します。

時　　間	要　　素	記述すべき内容
過　　去	きっかけ	志望する学問に関心をもったきっかけとなる経験
	きっかけの深め	読んだ本とキーフレーズ
現　　在	現在の価値観①	問題意識と社会的意義
	現在の価値観②	問題解決のために、自分がこれから学ぶべきこと
	志望校が最適だと考える理由と志望校への貢献	大学やその学部・学科の特徴／魅力的な教員や講義／自己PR
未　　来	将来像	卒業後の進路／自分が就いている仕事で10年後に活躍しているイメージ

★「問題意識」と「社会的意義」

　　　上のリストに出てきた「問題意識」と「社会的意義」という要素は、志望理由書をただの独り言からアピール用資料に引き上げるためにとても重要です。

「問題意識」と「社会的意義」は、以下のような内容を含みます（＊くわしくは テーマ05・テーマ06 で説明します）。

問題意識	自分の価値観や意見に照らして放置できない社会問題への意識／興味深いと思える社会問題への意識
社会的意義	自分が関心を寄せる問題が解決されることによる社会的意義／自分が関心を寄せる分野において学問的探究が進むことによる社会的意義

以下、人文・教育系志望理由書「構成メモ」例を、先述の要素と対応させて示しました。参考にしてください。なお、各A～Cはそれぞれ内容的につながっています。

きっかけ	●A：幼少期に、母が絵画展・写真展によく連れて行ってくれた。とくに、展示会で見た、ある化粧品会社の広告ポスターに感銘を受けた。 ●B：小学生時代を海外のインターナショナルスクールで過ごし、英語が出身国の異なる人どうしをつなぐことへの興味や、関心分野を英語で学ぶことへの意欲をもつようになった。 ●C：中学では人間関係で悩み、保健室の先生によくお世話になった。
きっかけの深め	●A：『形とデザインを考える60章』（三井秀樹／平凡社新書）を読み、デザイナー以外にも「デザインについて考える仕事」があること、私たちを取り巻くものすべてがデザインでできていることに気づいた。 ●B：『異文化理解』（青木保／岩波新書）を読み、外国語の理解だけでは及ばない、相手文化の価値や意味の次元があることを学んだ。 ●C：心にかかわる学問や職業を調べる過程で『こころの処方箋』（河合隼雄／新潮文庫）を読み、心理カウンセラーに求められる「目」を学んだ。

現在の価値観①：問題意識と社会的意義	● A：すぐれたデザインは、ときに言葉以上の高いメッセージ性をもつ。私たちを取り巻くもののデザインが洗練されることで QOL（生活の質）が上がる。 ● B：ネットで世界じゅうとつながることができる一方で、異文化の単純化・ヘイト・自国中心主義・排他的ナショナリズムが問題になっている。 ● C：人間関係やストレスに悩む人は子どもも含めて大勢いるのに、日本では心理カウンセラーや心療内科・精神科にかかることへの偏見がある。
現在の価値観②：問題解決のために、自分がこれから学ぶべきこと	● A：デザイン・表象文化・メディアの課題と可能性について学びたい。 ● B：異文化理解の先端的な研究を外国語文献、とくに英語で学びたい。 ● C：心理について専門的に学ぶとともに、心理カウンセリングを受ける行為が当たり前となる社会を実現するにはどうすればよいか考えていきたい。
志望校が最適だと考える理由と志望校への貢献	● A：美学美術史やメディア論を主専攻として選ぶことができる。広告やメディア系企業に進む卒業生が多い。自分の経験と情熱は貴学に貢献できる。 ● B：日本屈指の伝統を誇る英米文学科があり、意欲が高い学生と切磋琢磨できる。私の経験と将来像実現のための姿勢は、貴学に貢献できる。 ● C：臨床心理士や公認心理師を養成する大学院のコースにつながる学部が充実している。私の経験と知的関心は、貴学に貢献できる。
将来像	● A：広告会社や出版社に勤め、表現を通じて現代社会の諸問題を解決したい。 ● B：異文化・自文化の理解と発信に貢献する文化庁の職員になりたい。 ● C：心の相談に乗ってくれる人材が都市部よりも少ない地方で、心理カウンセラーとして、悩みをかかえる人の支えになりたい。

テーマ 03 志望理由書に盛り込むべき要素① ——志望校が最適だと考える理由

重要度 ★★★★☆

★なぜその大学でなければならないのか

　　　　　一般選抜は日程と受験料が許す限り受け放題ですから、「なぜ本学を受験したのですか」とは問われません。一方、推薦・総合型では合格すれば進学する専願が主であり、第1志望校を受験するのが基本ですから、「本学の志望理由」が必ず問われます。併願できる場合でも同様です。

　たとえば、英米文学を学べる大学、西洋史学を学べる大学、心理学を学べる大学は国内にたくさんあります。ですから、志望理由としてそのなかでも「なぜその大学を選んだのか」を書けることが大事なのです。以下、具体例を挙げます。

★看板学部・学科

　その大学の「伝統学部・学科だから」、その大学の「創立時から存在する学部だから」など、学びたい領域がその大学の「フラッグシップ（旗艦・中心）」であり、看板学部・学科が存在するケースです。この場合には、「めざす人が全国から集まるほど魅力的である」「そのような環境で学びたい」などと書くことが可能です。

例：青山学院大文学部（とくに、英米文学科）／立教大文学部（英米文学専修）／國學院大文学部日本文学科／二松学舎大文学部中国文学科・国文学科／駒澤大仏教学部／東洋大文学部哲学科／上智大外国語学部／獨協大外国語学部（とくに、ドイツ語学科）／都留文科大文学部

また、創立時には存在しなかったものの、途中から特定の学部・学科の知名度が上がったケースもあります。

> 例：立教大観光学部（日本で最初の観光学部）・立教大異文化コミュニケーション学部／明治学院大心理学部／和歌山大観光学部（国立大初の観光学部）

ここまでに挙げた例も、このあと挙げる例も、ほんの一例にすぎません。パンフレットなどを通じて、志望校の特徴をリサーチしましょう。

★日本における学問の拠点

ある特定の学問分野で評価が高い大学も存在します。

> 例：東洋大（東洋思想）／明治大・同志社大（考古学）／早稲田大・明治大（演劇学）／慶應義塾大・学習院大・同志社大（美学・芸術学）／筑波大（民俗学）／千葉大（行動科学）／東京都立大（地理学）

★総合大学・単科大学・女子大学

◆総合大学の魅力

　総合大学には、関心がある学問が複数の学部で学べる、理系学部も擁しているなどの魅力があります。あるいは、1つのキャンパス内で多彩な学問への関心をもつ学生と出会えるという魅力や、恵まれた環境からの刺激によって学問への関心をいっそう高めることができるという魅力もあります。実際に、世界のトップ校である英国のオックスフォード大やケンブリッジ大の学寮（カレッジ）では、さまざまな分野の研究者と学生が同居する空間が創出されています。

ただし、総合大学のなかには、学部ごとにキャンパスが分かれているためキャンパス間の交流がほとんどない、というところもあります。

◆単科大学の魅力
　一方、1つの学部系統のみで大学が構成されている単科大学には、志を同じくする学生が同じキャンパスにつどうという魅力があります。単科大学には、比較的小規模な学校が多いです。同級生だけでなく先輩や後輩、教員との関係も近く、「同志」という気持ちになりやすいようです。

◆女子大学の魅力
　戦前には女子の入学を認めない大学が多数ありましたが、戦後からはすべての大学が女子を受け入れています。そのため、「女子大学の役割はすでに終わった」などと言われることがありますが、それは一面的な見解です。すぐれた女子教育の伝統と実績をもち、かつ今日的な存在意義を発揮している女子大学が多数存在します。

★伝統校と新設校
◆伝統校の魅力
　創立が古い伝統校には、厳かでアカデミックな雰囲気があります。歴史が長いぶんだけ社会的評価も高く、すぐれた教員も意欲ある学生もたくさんいます。また、キャンパス内に存在する近代遺産級の建物が学びの意欲を駆り立てるという場合もあるようです。多くの卒業生を輩出していますから、志望理由書には、「自分が進みたい分野で活躍する人材がたくさんいる」という点が盛り込めそうです。
　なお、私が指導した生徒の家庭には、祖父の代から3代続けて同じ大学に進学しているというところもあります。こういう場合には、家族がその大学のよさを知り尽くしているため、安心して進学できますね。

◆新設校の魅力

　一方で、新設校、あるいは新設学部には、社会の新しい課題を解決するという目的で創立されたところがあります。こういう大学の志望理由書では、「自分たちが伝統をつくるのだ」という気概を熱く語りましょう。

★全国型大学と地元密着型大学

◆全国型大学の魅力

　全国型大学には、日本各地から学生が集まるという魅力があります。高校までと異なり、大学には学区や地域の枠を超えて多彩な学生がつどいます。また、留学生もいます。大学に入ると、これほど多様な人がいるのかと驚くはずです。

　また、教員の外国人割合が高い大学や、留学のしくみが整っている国際型大学にも魅力があります。このような大学には、多文化という環境で関心分野の学問を修められるという意義があります。

　ただし、大学のなかには定員割れを避けるため、おもにアジア圏の留学生を、ブローカー（仲介業者）経由で集めているところもあります。彼らは、学びではなくアルバイトなどで稼ぐために日本に来ているケースが多く、入学するとすぐに大学に来なくなってしまいます。このような大学は、国際型大学ではなく「問題大学」です。

◆地元密着型大学の魅力

　教育系、とくに国公立大の教員養成系大学は、典型的な地元密着型大学です。その地域内で教員をめざす学生にとっては最適な学びの場です。このような大学には、実績とノウハウの蓄積があります。多くの場合、偏差値の輪切りとは無関係な、学力と意欲の高い学生が在籍しています。

テーマ
04

志望理由書に盛り込むべき要素②
——きっかけとなった過去の体験

重要度 ★★★★★

★自分の過去を時系列に掘り起こす

　　　　　ここで取り上げるのは、志望のきっかけを思い出す方法です。時系列に沿って回想しメモとして書き出したもののなかから、最も強くアピールできそうな体験に絞って書いてください。以下、具体的に記憶をたどっていきましょう。

◆小学校入学以前

　アルバムをめくってみましょう。どこでどのような記念写真を撮っていますか。そこに、眠っているヒントがあるかもしれません。自分で思い出すだけでなく、保護者や兄姉にも聞いてみましょう。家族からの影響がきっかけかもしれません。「父が出版社の編集者だから」「母が教員だから」「兄が戦国武将マニアだから」「姉の趣味が読書だから」など、たくさん思い出せるはずです。

　あるいは、習い事にきっかけがあるかもしれません。水泳、習字、ピアノ、ダンス……それら自体がきっかけとなるだけでなく、そこでの出合い、そこでの失敗体験・成功体験などが、現在あなたがもっている学問への関心につながっているかもしれませんよ。

◆小学校入学以後（学校）

　学校での授業は、きっかけの宝庫です。小学校・中学校・高校で受けた授業を振り返ってみましょう。「国語の授業で芥川龍之介の作品に触れた」「歴史の先生が、弥生時代の発掘史料を見せてくれた」「英語の授業で現代アメリカ文学に触れた」など、たくさんあるはずです。

学校での体験には、授業以外に部活動もあります。人文・教育系の志望理由にからむ体験は、たとえば「文芸部で草野心平の詩を朗読した」「茶道部で日本文化の所作の美に触れた」「美術部で西洋美術史に触れた」などでしょうか。

　学校での人間関係や、社会科見学、職場実習、外部の講師による講演などもきっかけになりえます。私の経験ですと、高1のときに旺文社「螢雪時代（けいせつ）」の編集者が講演に来て、大学受験の心得を話していた記憶が鮮明に残っています。その講演を聴いて、「東京の有名大学に行ってやる！」という意欲に火がつきましたよ。

★自分の過去を場面ごとに掘り起こす

◆塾や予備校

　私自身、予備校講師としてさまざまな学問分野の存在とその意義について話す機会があり、そこから知的な刺激を受け取ってくれる生徒もいて、「小論文の講師が哲学科出身で、物事を根源的に考える姿勢や哲学用語によって開かれる知的世界に触れた」などの感想が寄せられています。また、他科目担当の講師には「英語の講師の話から言語学という学問があると知った」「世界史の講師から教科書では習わない『歴史的なものの見方』を学んだ」などの感想がきています。

◆海外経験

　短期の語学留学・語学研修、あるいはホームステイなども、れっきとした海外経験・異文化体験です。また、ホストファミリーとして外国人学生を受け入れたことがきっかけで、いまでもメールのやり取りなどの交流が続いている、という人もいるでしょう。さらには、親の仕事の都合で海外の学校に通っていた経験があれば、書くべきことはたくさんあるはずです。

海外旅行も海外経験の一種です。渡航した国の言語、歴史、宗教、芸術、国民性、心理などは、いずれも学問と深く結びつきます。

　私が指導していた生徒には、小学校高学年のときに1人だけで英国で過ごし、さらに中学3年間をドイツで過ごしたという人がいます。その生徒は比較文化の視点を獲得していて、私自身がたくさんの刺激を受けました。

◆街中での体験

　日常の通学路での体験、あるいは駅やショッピングモール、スーパーマーケットやデパートに行ったことなど街中での体験のなかにも、学問への関心に通じるきっかけがあります。たとえば、博物館や美術館の展示案内のポスター、書籍や雑誌の車内広告、外国人観光客との出会いなど。あるいは、日本文化について自分が驚くほど何も知らないことに気づいたという「逆カルチャーショック」などもありえますね。

◆メディアを通じた間接的な体験

　ネット、テレビ、ラジオ、新聞、雑誌、書籍など、メディアを通じた間接的な体験も、志望のきっかけになりえます。テレビ番組には、ニュースや報道特集から、バラエティー番組、教養番組、ドキュメンタリー番組、ドラマまで、さまざまなジャンルがあります。CMからの影響もありそうですね。

★志望理由書に記された実例の紹介

　以下は、実際に受験生が書いた例です。「志望理由書にはそう書けばよいのか」「そういう事例なら自分にもあるな」などの発見があるはずです。

国文学科	中学の国語の授業で取り上げられた『万葉集』の和歌に感動した。現代人である私が感動したということ自体に感動したのである。
歴史学科	親が何度も、島根県出雲市の荒神谷遺跡に連れて行ってくれた。そこは膨大な銅剣・銅鐸が発見された場所であり、公園として整備された古代の住居跡が見学可能である。
心理学科	小学生のころ、ある殺人事件のテレビ報道に衝撃を受け、残虐な犯罪がどのような心理から実行されるのかに関心をもった。
外国語学部	セブ島で短期の語学留学を経験したこと、茶道部で日本文化を学んだこと、留学生の友人ができたことなどがきっかけとなり、外国人向けの日本語教師になりたいと思うようになった。
児童福祉学部	中学で身近な友人がいじめに遭ったこと、ニュースでたくさんの児童が虐待に遭っていると知ったことから、子どもを支援する仕事に就きたいと考えるようになった。
地域学部	高1のころ、企業と行政による地域再生の取り組み例を、テレビの報道で見た。それは、地元企業と行政が協力して空き家をシェアハウスに改修し、廃校となった校舎をレストラン、ショップ、工房（ワークショップ）などにリノベーションする、という内容であった。

テーマ
05

志望理由書に盛り込むべき要素③——問題意識

重要度 ★★★★★

★「問題意識」は2つある

第2章／第3節／テーマ02で触れた「問題意識」と「社会的意義」のうち、ここでは「問題意識」をさらにくわしく説明します。

先述のとおり、「問題意識」には2種類あります。

1つ目は、「自分の価値観や意見に照らして放置できない社会問題への意識」です。ここでの「社会問題」は、

解決が求められる、困ったプロブレム

を意味します。

2つ目は、「興味深いと思える社会問題への意識」です。ここでの「社会問題」は、

注目すべきイシュー・トピック・テーマ

を意味します。同じ「社会問題」でも、意味するところはそれぞれ異なるのです。

志望理由書は、単なる独り言の表明や日記ではなく、他者（大学教員）に届けるべきパブリックな文書です。前述したように、志望理由書ではなんらかの「社会問題」に触れる必要があるのです。

★「問題意識」の実例

「問題意識」の対象を考えることは、自分の志望理由を「社会問題」と結びつける作業です。受験勉強がみなさんを知的に成長させるのと同様、志望理由書の準備も知性を涵養することに寄与します。

以下、私の生徒が書いた「問題意識」の実例を挙げます。このような内容が盛り込めれば、志望理由書のレベルがぐっと上がりますよ。

英米文学科	私は、「留学不安」と呼ばれる問題に注目している。これは、外国で学びたい意欲がありながら言語の不安・異文化社会での生活の不安などのため留学を断念したり、期待したほどの成果が留学から引き出せなかったりするという問題である。
哲 学 科	私は、生態系や人類の未来世代の生存可能性を考える応用倫理学と、畜産動物を扱う動物倫理学に関心がある。これらは道徳哲学の新たな展開であり、現代人の生き方について再考を求める学問である。
史 学 科	現在の自分たちにとって都合の悪い歴史的事実や自分たちの考え方から、認めたくない歴史的事実をなかったことにしたり改変したりしようとする「歴史修正主義」の台頭が、歴史学にとって深刻な問題となっている。このような「反知性主義」に対抗し、歴史学が学問・科学であり続けるにはどうすればよいのかを学びたい。
地理学科	地球環境の変化による気候変動と人間の住環境の変化による土砂災害・水害が頻発している。このような問題に対して地理学はどのように貢献できるかが、私の主要関心である。
心理学科	日本では、対人関係や仕事のストレスなどから精神疾患に至る人が増えているが、心理カウンセリングを受けることや病院の心療内科・精神科にかかることへの偏見があり、まだ一般的ではない。私は、そのような日本人の「こころ」の傾向がどこに由来しているのかを研究し、偏見の解消に貢献したい。

教育学部	● 「本離れ」「活字離れ」がさけばれて久しい。一方では、ネットにおける他者への誹謗中傷や、賛否が分かれるテーマをめぐる意見の分断がすっかり一般化してしまった。このようなネット上での問題を解決すべく、私は、本の魅力や、他者の意見に耳を傾けて議論を深める大切さについて語れる中学校国語教員になりたい。
	● 教育に関して見過ごせない問題が2つある。1つ目は、教員不足のため授業が成立しない地域があること、2つ目は、親の所得格差が教育機会格差・教育格差として表れていることである。
	● 現代日本の子どもたちをめぐる問題として、「自己肯定感の低さ」「失敗を恐れるあまり挑戦を避ける傾向」がある。こうした消極的な「硬直マインドセット」は、子どもの豊かな成長を妨げる。私は、これらに対する教育者の取り組みについて貴学で研究したい。
国際学部	● グローバル化の一方で、ナショナリズム（国家主義）やエスノセントリズム（自民族中心主義）が力をもちつつある。これらの動きについて、メディア経由の情報をただ受け取るだけでなく、自身の視点をもてるよう、貴学で十分な教育を獲得したい。
	● 「国際協力」に関する書籍を読み、途上国の女性が、身体的・精神的負担を背負わされた結果、健康を害する例があると知った。また、日本のODA（政府開発援助）もそうした分野では不十分だと知り、国際協力に関する問題が私の学問への関心となった。
	● 「甘いチョコレートの裏側に潜む真実」と題された新聞記事を読み、チョコレートを見たことがないアフリカの子どもたちがカカオ農園で搾取されているという問題を知った。そこから、児童労働の問題やフェアトレードの可能性について調べるようになった。

芸術系学部	コロナ禍の影響で、そこへ行くことが「不要不急」だと見なされた美術館は、休館を余儀なくされた。ここには、芸術作品の鑑賞と制作が、私たちの生活にとってよけいでぜいたくな行為だととらえられているという問題がある。しかし、むしろ芸術作品の鑑賞と制作こそ人間にとって本質的なことではないのかと、私は考える。そうした芸術の本来的価値を発信できるようになりたい。
異文化理解系学科	一説によれば、世界にはかつて 6,000 もの多様な言語が存在していた。しかし、19・20 世紀で半減し、いまも消失し続けている。言語は単なるコミュニケーションツールではなく、思考の源泉であり、世界観・価値観の鏡である。言語の消失は文化の消失を意味する。いまの世界は、思考と価値観の単純化に向かっている。

テーマ 06

志望理由書に盛り込むべき要素④ ——「社会的意義」と「問題解決」

重要度 ★★★★★

★「社会的意義」「問題解決」は「問題意識」の発展形

ここで扱う「社会的意義」「問題解決」は、第2章／第3節／テーマ05 で扱った「問題意識」よりも高度な考え方です。

第2章／第3節／テーマ 02 で触れたとおり、「社会的意義」には2種類あります。

1つ目は、「自分が関心を寄せる問題が解決されることによる社会的意義」です。ここでの「社会的意義」は、

　　　　困ったプロブレムが解決することによる社会的メリット

を意味します。

2つ目は、「自分が関心を寄せる分野において学問的探究が進むことによる社会的意義」です。ここでの「社会的意義」は、

　　　注目すべきイシュー・トピック・テーマが進展することによる

　　　　　　　　社会的メリットや学問上のメリット

を意味します。志望理由書では、「問題意識」だけでなく、「社会的意義」にまで踏み込むチャレンジをしてください。「困ったプロブレム」「注目すべきイシュー・トピック・テーマ」が解決・進展することによるメリットがしっかり述べられれば、学問や志望校への貢献がアピールできます。

また、「問題解決」では、

　　　自分が発見した問題に志望校入学後から取り組む方法

を説明します。

第2章／第3節／テーマ01 で取り上げた「研究計画」は「志望校入学後の研究計画」ですが、「問題解決」にまで言及できれば、研究計画での「なぜその授業・その教員・その志望校でなければならないのか」について、形式的ではない、本質的な説明ができます。

★「問題解決」の実例

以下、私の生徒が書いた「問題解決」の実例を挙げます。書き方のヒント、および書く材料として役立ててください。

英米文学科	グローバル化の影響により子どもに早期英語教育を施そうとする親が増えたことから、英語教育の若年化傾向が見られる。しかし、費用が高額であるため、家庭ごとの収入差による英語力格差の発生という問題が起きている。私は、早期英語教育用プログラムとして、ICT利用による低コストないし無償の提供方法を模索したい。貴学で英米児童文学と言語学習理論を学び、本質的で効果的な早期英語教育用プログラムの開発につなげたい。
心理学科	過去のつらい経験や劣悪な生育環境が原因となり、犯罪に走る人びとがいる。私は、心理カウンセリングを通じて、このような加害者を減らしたい。そのため、●●教授の「非行少年更生支援」や、▲▲教授の「犯罪心理学」「教育心理学」などの授業を受講したい。
教育学部	教育の現場では、「教育格差」「いじめ」「教員不足と多忙」「道徳の教科化」など、さまざまな問題が生じている。私は、心理学実験、模擬授業、模擬保護者会などを含む貴学の「教育実践学」や、道徳教育を問い直す●●教授の授業を受講して、教育現場における問題解決に貢献できる教員をめざしたい。

児童福祉系学部	児童 虐待から子どもを救うために保育や福祉にかかわる専門家に求められる目として、「見えているままを見る目」に加えて「見えていないものを見る目」がある。児童虐待は隠されることが多く、子どもの表情や態度から微細な SOS を読み取る必要がある。そのような目を養うために、貴学で児童心理学を専攻したい。また、住環境と心理の関係や、加害者となる親へのケアを研究している●●教授のゼミに所属し、問題解決のプロセスも学びたいと考えている。
幼児教育・保育学科	障害児とその保護者については、地域や学校での孤立・支援不足という問題がある。私は、●●教授による「ICT を活用した特別支援教育」と「こころの理論を中心とした発達障害児童の理解と支援」の取り組みに注目している。貴学でこれらを学び、保育士として障害児とその保護者をサポートしたい。
保育学科	抑圧的なしつけが子どもの自己肯定感を阻害するという問題がある。貴学の●●教授が担当する「発達心理学」「認知神経遺伝学」の授業では、子どもの自尊心を否定せず本来もっている個性を伸ばすための教育法が学べる。●●教授の授業を通じて子どもが起こす行動の理由や意味について学問的理解を深め、プロとしての実践を蓄積して、それらの情報を保護者と共有する保育士になりたい。
国際学部	発展途上国で起きている貧困の背景には、コミュニティの不在と不全がある。そこで、政府主導による発展途上国支援の問題点を具体的に指摘し、現地調査を重ねながら地域コミュニティ再生の重要性を説く●●教授の担当ゼミ「コミュニティ形成学」に注目している。私も、このゼミに参加し、「フィールドスタディ」を通じて調査スキルを獲得して貧困解決の道を探りたい。

地域学部	「商店街の再生」「まちづくり」「地域の再生」がさけばれて久しいが、大量の補助金・税金が投入されながら、多くの試みが失敗している。私は、この問題の存在を『まちづくり幻想』（木下斉／SB新書）という本で知った。貴学の●●教授による指導のもとで地域再生計画の成功例・失敗例を研究し、将来は市職員として地域に貢献したい。
ライフデザイン学部健康スポーツ学科	高齢化にともない、地域の持続可能性や健康寿命への不安という問題が発生している。私は、貴学がかかげる「ライフデザイン」という視点にもとづいた理論的講義と実習・演習を通じて、人びとの健康を支援するための総合的な知識を身につけたい。将来は中学もしくは高校の保健体育教員として生徒にスポーツのすばらしさを教えるとともに、学校を起点とした地域住民のコミュニティづくりと健康づくりにも寄与したい。

テーマ 07　志望理由書に盛り込むべき要素⑤——卒業後の進路

重要度 ★★★★★

★「何になりたいか」だけではなく「どうなりたいか」まで示そう

第2章／第3節／テーマ01 で扱った「将来像」は、「大学在学中にどう成長したいかという具体的なイメージ」でした。一方、ここで扱う「将来像」は、もっぱら「卒業後の進路」です。大きくは、「就職・起業・独立」「進学」「留学・海外就職」に分かれます。

志望理由書にこれらの要素を記す場合の注意点があります。それは、「卒業後の進路」としては、単に就きたい職業名だけでなくプロとしてあるべき理想像まで、すなわち、「何になりたいか」だけではなく「どうなりたいか」まで示す必要がある、という点です。たとえば、学部・学科と職業が直結している教育系であっても、ただ「小学校教員になりたい」と書くのではなく、「教員としてどのような役割を果たしたいか」「就職後、どのように成長していきたいか」まで記しましょう。職業と直結していない学部・学科であればなおさらです。

「卒業後の進路」としては、5年後、10年後の展望まで描いてみましょう。就職して5年、10年もたてば、もう職場の新人ではなく、後輩をリードする立場に就いています。人によっては、ある程度大きなプロジェクトの参加者や責任者にもなっているはずです。ですから、志望理由書には、たとえば「10年後にはプロジェクトリーダーを務めていたい。そのために、絶えずスキルアップを図りたい」などと記すことができます。また、第2章／第3節／テーマ06 の実例で紹介したように、「●●の仕事に就いて、◆◆の問題を■■の方法で解決したい」などとまとめることも可能です。

★卒業後の進路①：就職・起業・独立

就きたい職業が決まっていない「進路未定」の人はたくさんいそうですね。でも、心配ご無用。高校生にとっては、働いている自己像がイメージできないのは当然だからです。

その点は、試験官もわかっています。第2章／第3節／テーマ01 で述べたとおり、志望理由書は総合的な内容をもった文書ですから、各項目を均等のボリュームで書く必要はありません。「きっかけの深め」「研究計画」などを詳細に述べてもよいのです。「卒業後は学部・学科で学んだことを生かせる職業に就きたい」と済ませても減点とはなりません。

ただし、その場合には、面接で「学部・学科で学んだことを生かせる職業としてはどのようなものを考えていますか」という質問を受ける可能性がありますから、職業の候補は考えておきましょう。その際に参考となる情報は、各大学のパンフレットや公式サイトにある学部別の就職状況です。

★卒業後の進路②：進学

ここからは、大学院への進学について考えていきます。
大学院生は、全員が大学教員などの研究者をめざしているわけではありません。たとえば、臨床心理士のように、修士課程で学ぶことが義務づけられている職種があるのです。

また、博士課程まで行って本格的に研究者をめざすわけではないけれども、学部で修めた内容をもう少し掘り下げたい、という理由で修士課程に進む人もたくさんいます。その後、一般企業に就職することも珍しくありません。なお、予備校の講師には免許も資格も不要ですが、修士課程修了程度の学歴をもっている人が多いです。

もちろん、研究者になりたいという明確な将来像があるならば、志望理由書には「博士課程までを視野に入れている」と記しましょう。

★卒業後の進路③：留学・海外就職

　　　留学については、「日本の大学か大学院に在籍しながら、提携先である海外の大学に行くケース」「日本の大学を卒業してから、海外の大学か大学院に行くケース」があります。

　また、「企業・官庁・大学に就職してから、職場の制度を使って海外の大学に行くケース」もあります。私の義理の父は、日本の大学と大学院で冶金学を修め、鉄鋼関連の企業に就職してから米国のペンシルベニア大に留学して、学位を得ました。同校は、金属工学分野の研究で世界一の大学です。

　留学希望者は、以上のようなケースを想定しつつ、なぜ・どこに留学したいのかを可能な限り詳細に記しましょう。その場合には、大学での学びと留学先を結びつけてください。たとえば、ドイツの大学への留学を希望するのであれば、「ドイツ史・ドイツ文学・ドイツ哲学・ドイツ美術を学びたいので、ドイツの大学に留学したい」などと書きましょう。あるいは、「ワールドクラスの『問題発見』『問題解決』のために世界じゅうから学生や研究者が集まる英国の大学に留学したい」と書くのもアリです。

　なお、留学の意志がないならば、わざわざ書く必要はありません。書かないからといって不合格になることはないからです。

★「卒業後の進路」の具体例

　　　以下、「卒業後の進路」に触れている志望理由書の実例を紹介します。

就　　職	●卒業後は、歴史学科で学んだことを生かせる職業として、出版社で歴史関連、とくに中東やイスラーム関連の書籍を編集する仕事に就きたい。 ●地元●●県の英語教員として、グローバル化する社会の要請に応えるべく生徒の英語コミュニケーション能力を引き出すとともに、英語を通じた知的成長をうながせる人材になりたいと考えている。 ●教育現場で起きている問題について教科や担任の枠を超えて協働・考察し、問題解決のために動ける小学校教員をめざしている。 ●児童相談所に勤め、子どもたちをめぐる個々の課題に手際よく対応するだけでなく、子どもたちの明るい未来までを切り開ける児童福祉司となるため、貴学で学びたい。
起　　業	英米文学のなかでもとくに児童文学に関心がある。将来は、英語圏の絵本をデジタル化し、作品世界を体験してもらうことで英語学習をより楽しんでもらえるコンテンツ配信サービスを立ち上げたい。
進　　学	美術作品や美術館がもたらす社会的意義について考察を深めたい。そのために、大学院に進学し、美学美術史の研究者をめざしたい。
留　　学	●移民国家である米国の大学に留学し、英語を母語としない人たちとの国際交流の進め方や、英語コミュニケーション能力を高めるアウトプット法について学びたい。 ●卒業後、日本語日本文学科が設置されている英語圏の大学に留学し、現地での日本文化・日本文学の受容状況を研究したい。 ＊米国のコロンビア大、英国のロンドン大には、日本語日本文学科が設置されている。

テーマ 08 文学系の志望理由書

重要度 ★★★★★

★合格者が記した志望理由書から「受かる書き方」を逆算しよう

ここでは、左ページに実際の合格者が書いた文面と「全体を通じたコメント」、右ページに「文面へのコメント」と「コシバからのアドバイス」をそれぞれ掲載しています。

＊右ページの◎は文句なしで合格レベルの記述、〇は許容される記述、△は採点者によっては評価が低くなる可能性のある記述を表します。

本学の志望理由を600字程度にまとめて書きなさい。

　民俗学は、過去と現在、地方と中央、ローカルとグローバルとをつなぐ学問である。私は、その民俗学研究の国内学問拠点である貴学で学びたいと考えている。とりわけ、「妖怪」から考察できる日本人のメンタリティについて研究したい。

　妖怪が興味深いのは、その背景として人間に不安や恐怖を駆り立てるもととなった現象などがあるからだ。妖怪を研究することを通じて、各時代の人間が何に怖れを感じていたのか、その集合的心理とその表現・表象の特徴を探ることができる。こうした学問への関心から、私は貴学で民間伝承を対象とした民俗学の学問的方法・研究方法を学び、それらをフィールドワークによって実践していきたい。そのため、民俗学演習や民俗学史料講義などに注目している。また、私も拝読した妖怪研究の著書を上梓している●●教授のゼミに所属したい。

→p.72に続く

文面へのコメント

➡❶：○ 関心がある学問がどういう学問なのか、自分はそれをどうとらえているのかが提示できていて、グッド。印象的な書き出しになっています。

➡❷：○ 「その大学でなければならない理由」の提示が、グッド。関心分野の学問についてよく知っていること、よく調べていることがわかります。

➡❸：◎ 取り組みたい学問上のテーマが第1段落で提示されている点がベリーグッド。

➡❹：○ 関心がある学問の魅力と、その学問に興味をもった理由が示されていて、グッド。もし字数に余裕があれば、もっとさかのぼって、そもそも民俗学という学問を知ったきっかけや、「妖怪」に興味をもったきっかけまで書きましょう。

➡❺：○ 大学で注目している授業や教員など、「研究計画」が書かれていて、グッド。読んだ本のタイトルも明記したいところです。

コシバからの
アドバイス

　第1段落1行目に「将来像」をバーンともってくるのが私のおススメですが、今回のような書き出しもアリです。みなさんも、関心がある学問について魅力的な説明を試みましょう。

　第2段落の「きっかけ」部分については、くわしく書きたくても指定の用紙サイズや文字数に収まらないようであれば、面接における話題に回しましょう。面接では、提出された志望理由書にもとづいて質疑応答が行われますから、そのときの語りで内容を盛りましょう。

→p.70から続く

⑥妖怪の研究からわかる日本人のメンタリティについて、現代人のそれと比較したい。さらに、世界のフォークロアと日本との比較、世界のなかの日本の特徴についても考えていきたい。

⑦みずからのフィールドワークと、日本および世界の先行研究からも学ぶために大学院へ進み、民俗学分野の研究者をめざしたい。⑧民俗学的視点による社会比較・メンタリティ比較は人文科学分野への学問的貢献が果たせると考える。⑨また、こうした展望をもつ私の学問的な意欲は貴学の学びの場にも貢献するものと信じている。

〔584字〕

全体を通じたコメント

志望理由書は、大学への「お手紙」「ラブレター」とも言え、「です・ます」調で書くこともできます。一方、小論文と同様に「である」調で書くことも認められています。つまり、どちらでもOKなのです。ただし、今回の志望理由書のような「である」調のほうが、文末表現が簡潔になり、そのぶんだけ多くの内容を盛り込むことができるというメリットがあります。

志望理由については、「研究計画」に関する記述に厚みがあり、特徴が表れています。また、全体を通じて人間への関心がアピールできており、文学系の志望理由書としてふさわしいと言えます。

1文を長く書かず、短文にして適切な接続語でつないでいくという文章スタイルもグッド。簡明で論理的な文章に仕上がっています。

文面へのコメント

➡❻：◎　「研究計画」に関する記述の続きですね。しかも、単なる続きではなくて、学問に関する大きな展望が述べられていて、グッド。

➡❼：◎　大学院・研究者という「卒業後の進路」が「将来像」として書かれていて、グッド。また、自分の取り組みに先立つ研究について述べられている点もグッド。

➡❽：○　進みたい学問分野に対する貢献可能性が書かれており、グッド。

➡❾：○　志望校に対する貢献可能性が書かれており、グッド。

コシバからのアドバイス

　この志望理由書の中心メッセージである「妖怪の研究からわかる日本人のメンタリティ」について具体例が示せればなおよかったと言えます。たとえば、「塗壁（ぬりかべ）」「からかさ小僧」「1つ目小僧」などは、いったい何に対する怖れの表現なのでしょうか。先ほど触れたとおり、指定字数の関係でそれが難しい場合には、面接の話題に回しましょう。

　ちなみに、大ヒットした漫画・アニメ『鬼滅（きめつ）の刃（やいば）』の「鬼」は、大正時代という設定もあり、当時の日本で数度にわたって大流行した「スペイン風邪」と呼ばれた感染症（当時の新型インフルエンザ）の表象（ひょうしょう）と見なすこともできます。

　ともあれ、みなさんも、志望理由書の中心部分・核心部分について適切な具体例が示せるよう、書くべき材料の収集に励んでください。

第 4 節 志望理由書の事例

外国語学系の志望理由書

重要度 ★★★★★

★合格者が記した志望理由書から「受かる書き方」を逆算しよう

　　　　以下は、外国語学系で学び、旅行業・観光業に進みたいと考えている受験生による志望理由書の事例です。指定字数は900字程度と、やや多めに設定されています。

本学の志望理由を 900 字程度にまとめて書きなさい。

❶ 中国の古典『易経』によれば、本来、観光は「観国之光」と表される。この点で、観光とは、国の輝かしい光の面を見る行為である。しかし、私は、対照的な「影」の部分を知ってこそ真の観光だと考える。❷ 私は、貴学で学び、広く多元的な視点から物事をとらえて、多様な他者との対話や共生ができるツアープランナーをめざしている。

❸ 観光のそのような多面性や奥深さに気づく契機となった出来事は、高2の修学旅行であった。沖縄を訪れた私は、美しい海とおいしい料理を堪能すると同時に、宿泊先の従業員や添乗員から、過去の戦争の凄絶さや現在の米軍基地問題の切実さについて直接伺うという貴重な機会を得た。❹ そこから沖縄を見る目が変わり、翻って、日本全体の歴史や現代、自分の暮らしを見る目も変わった。

❺ 旅がもつこうした多面性や奥深さを多くの人にも体験してもらいたいと思うようになり、観光業の仕事や大学での学びのあり方を考え始めた。

→p.76に続く

文面へのコメント

➡ **①**：◎ 第2章／第4節／テーマ08 でも事例を紹介したとおり、関心を寄せる分野に関する独自の視点が提示できていて、グッド。

➡ **②**：○ 「将来像」が示されていて、グッド。

➡ **③**：○ 「きっかけ」の記述が具体的で、グッド。

➡ **④**：△ 自分の生活をとらえ直した自己省察の記述がグッド。ここに、「このような本を読んだ」という「きっかけの深め」の記述があれば申し分ありません。面接で話せるよう、準備しておきましょう。

➡ **⑤**：○ 「きっかけ」から大学での学びにうまくつないでいる点がグッド。

コシバからのアドバイス

　冒頭で古典文献からの引用とそのとらえ直しが書かれていて、印象的なスタートとなっています。みなさんも、興味ある学問分野・職業分野について、漢字のなり立ちや英語の語源などを調べてみましょう。

　たとえば、「経済」は「経世済民・経国済民」からきています。英語なら economics です。なお、eco の語源は、ギリシャ語の *oikos*（オイコース＝家）です。

　philosophy「哲学」の語源は、「知を愛する」という意味のギリシャ語です。西周がこの語を「哲学」と翻訳しました。

　「心理学」psychology の語源は、psych（プシュケー＝精神・魂）と logos（ロゴス＝学問・言語・論理）です。

　このような語源に関する蘊蓄は、学問への本気度を伝えることに役立ちますよ。

→p.74から続く

　貴学の外国語学部には、専門の英語学を核としつつ比較社会学や文化人類学の視点からツーリズムを学べるという魅力がある。観光ビジネスの実務が学べるだけでなく、教養と学識をベースとして異言語異文化理解にもアプローチできる。また、第2外国語は、少人数・週3回・2年間という濃密なカリキュラム構成を採用している。私は、中国語を選択して母語（日本語）・英語・中国語の3起点による異文化コミュニケーション能力を高めるとともに、日中友好の懸け橋にもなりたい。

　さらには、主要研究テーマとして、ツーリズムに関する移民・難民の視点からの考察に取り組みたいと考えている。貴学はフィールドワークの授業が充実しているため、移民・難民に関する現地調査を通じて「問題発見」「問題解決」のプロセスを体験したい。

　貴学出身である両親からずっとくわしく聞いてきたため、貴学には深い親しみを感じている。両親とも、大学での学びが現在の職業や国際社会への関心につながったと話している。私も、貴学でそのような知的成長を遂げたい。また、これまで述べた私の学問的意欲は貴学の学びの場に貢献すると考えていることから、みずからを貴学に推薦する。

〔884字〕

全体を通じたコメント

　「将来像」「きっかけ」「研究計画」（＝大学での学びの内容）に関する記述が充実しており、約900字という多めの字数設定が生かせています。

　志望校出身者である家族から進学を勧められているという点は、志望理由に強い説得力を与えます。もちろん、このような家庭環境がなければ合格できないわけではありません。環境の有無によらず説得力がある志望理由書はつくれますから、安心してください。

文面へのコメント

➡⑥：◎ 専門分野についてどのように勉強したいかがしっかり書かれていて、グッド。また、志望校の特徴も書かれていて、「なぜその志望校でなければならないのか」という理由となっていて、グッド。

➡⑦：◎ 大学側によって用意されている科目や授業をどう活用したいと考えているかという点がアピールできていて、グッド。

➡⑧：○ 志望校におけるメイン研究テーマ候補が提示されていて、グッド。面接ではさらに具体的に話せるよう、準備しておきましょう。

➡⑨：○ ⑧で述べたメイン研究テーマを進めるために何に取り組むのかについて述べられていて、グッド。また、国際社会の問題とその解決にも触れられていて、グッド。

➡⑩：◎ このような家族レベルでの「大学推し」は強いアピールとなります。

➡⑪：○ 志望校に対する貢献可能性について記述できていて、グッド。

コシバからのアドバイス

⑦に記したように、大学側によってセッティングされたカリキュラムをどのように活用したいかという点に関する記述はとても重要です。この記述がなければ、準備不足の志望理由書によくありがちな、単なるパンフレットや公式サイトの受け売りで終わってしまいます。

みなさんも、「貴学の●●はすばらしい」と書くだけでなく、「自分ならそれをどう生かすか」という視点にもとづいて書きましょう。

テーマ 10 心理学系の志望理由書

重要度 ★★★★★

★合格者が記した志望理由書から「受かる書き方」を逆算しよう

　　　　以下は、流れがよく、分量的にも過不足なくまとめられている心理学系志望の受験生による事例です。読んだ本の内容にもとづいた「問題発見」「問題解決」が示されているので、参考になるはずです。

本学の志望理由を 700 字程度にまとめて書きなさい。

　①私は、心理学のなかでもとくに知覚心理学や認知心理学を学び、私たち人間が有する不可思議な「こころ」の解明にいどみたいと考えている。

　②きっかけは、だまし絵の展覧会でさまざまな錯覚・錯視現象を体験したことである。③そこから脳科学や心理学の本を読むようになった。とりわけ、『色の心理学』『選択と誘導の認知科学』という本が印象深かった。これらの本から、身の回りの色彩による深層意識への影響を考える学問分野があることを知った。④自殺現場である橋の色を黒色から緑色に塗り替えたり、駅のホームの照明を青色に変えたりすることによって自殺者が減少したという事例が紹介されていて、⑤このような形態による社会貢献もありうるのかと目を開かされた。

　⑥これらのことから、貴学では人間の視覚や認知について科学的・実証的な研究を行いたいと考えた。⑦そこで、心理学系学部・学科をもつ数ある大学のなかから、行動科学の理論的研究に加え実験や演習も充実している貴学を志望するに至った。

→p.80に続く

文面へのコメント

➡❶：◎　最初に、「将来像」にもとづいた明確な志望理由が述べられています。漠然と心理学を勉強したいと書いておらず、入念に調べた結果、関心の対象が心理学に定まったという経緯が述べられていて、グッド。

➡❷：○　志望のきっかけとなった具体性のあるエピソードが書けています。字数に余裕があれば、もっと詳細に述べたいところです。

➡❸：○　「きっかけ」のない人はいませんが、「きっかけの深め」が書けているかどうかで、志望理由書の評価は大きく異なります。とくに、関心分野の本を挙げられるとアピール力が増します。ただし、著者名まで記入すべきです。

➡❹：○　本のなかの印象的な部分・知的影響を受けた部分を挙げることができていて、グッド。

➡❺：◎　関心分野における「問題発見」「問題解決」の可能性が示されていて、グッド。

➡❻：○　それまでの経験と志望理由が結びつけられていて、グッド。

➡❼：◎　「なぜその志望校でなければならないのか」という理由が示されていて、グッド。また、自分の関心分野と大学の特徴とのマッチングも、グッド。

コシバからのアドバイス

　以上で述べたとおり、読んだ本に関する記述として、関心分野における「問題発見」「問題解決」の可能性が示されている点は、グッド。さらに、「将来像」や、自分自身が取り組みたい研究テーマに関する記述のなかで「問題発見」「問題解決」の可能性が示されていれば申し分ありませんでした。

→ p.78から続く

とりわけ、●●教授が専門とする錯視の研究に強い関心をもっている。また、「心理学史」の講義にも注目している。心理学や精神分析学がどのような経緯で誕生し、今日までどのような発展や展開を遂げてきたかという点に関心がある。さらに、心理学と隣接する学問として哲学や社会学も重要だと考えている。こうした関連学問までしっかり学べる点も、伝統校でありなおかつ総合大学でもある貴学の魅力である。

卒業後は、貴学で学んだことを生かせる職業としてメディア・出版業界への就職を考えている。また、心理カウンセラー、あるいは研究者をめざす道も検討している。

〔678字〕

全体を通じたコメント

「将来像」⇒「過去」⇒「現在」がきれいにつながっていて、いわば「自分史」とでも言うべきストーリーが形成されています。「問題意識」と「問題解決」に触れられている点もグッド。
　1文を短く切り接続語によって適切につなぐ文章スタイルもグッド。簡明で論理的な志望理由書に仕上がっています。

$\boxed{\text{文面へのコメント}}$

➡❽：◎　志望校での「研究計画」が具体的で、グッド。また、注目して
いる教員・授業とその理由も挙げられており、グッド。

➡❾：○　「卒業後の進路」に関する記述は、一般選抜なら問われること
がない、推薦・総合型特有のアピールポイントです。「就職・起業・独
立」「進学」「留学・海外就職」のいずれかのなかから絞り込んだ進路
を1つだけ示すのが理想ですが、もし絞り切れなければ、このように、
大学で学んだことが生かせる職業の候補を複数挙げてもかまいません。

コシバからの
アドバイス

　　心理学が履修できる大学はたくさんあります。志望
校以外のパンフレットや公式サイトまで確認し、志望理
由書をまとめる時点で、志望校の特徴・個性・強みを正しく把握して
おきましょう。自分が入学後から取り組みたいことと、志望校とのあ
いだでミスマッチが起きることは回避しなければなりません。

　心理学系の卒業生がどのような進路を選択しているかという情報
は、大学のパンフレットや公式サイトから得ることができます。自分
自身がどうなりたいかを考えながらこれらの情報を読み込み、志望理
由書の内容をブラッシュアップしましょう。

　また、志望理由書をまとめる際には、以下のように、志望校の魅力
を突き詰めて考えてみましょう。

● 伝統校・伝統学部の魅力／新設校・新設学部の魅力
● 総合大学の魅力／単科大学の魅力

第4節 志望理由書の事例

テーマ
11

教育学系の志望理由書

重要度 ★★★★★

★合格者が記した志望理由書から「受かる書き方」を逆算しよう

以下は、教員養成系大学ではなく、総合大学の教育学部に入り高校の国語教員をめざしている受験生による事例です。

本学の志望理由を600字程度にまとめて書きなさい。

❶ 私には、貴学で学びたいという強い意志がある。それは、実際にキャンパスを訪問した際に活気を感じたこと、現在貴学法学部に在籍する兄が自分の関心分野に打ち込んでいるようすを見ていることによる影響が大きい。

❷ 私が貴学教育学部国語国文学科を志望する理由は、大きく2つある。❸1つ目は、国語という教科について学問として深く多面的に知りたいという思いをもっていることである。幼少期からたくさんの本を読み、本のなかの世界を想像的に味わうことに熱中してきた。❹貴学では近代日本文学を対象として選び、作者の思想、時代背景、日本語の表現の特徴や変化などについて学びたいと考えている。❺教養科目では、歴史学・政治学・心理学を関連学問と位置づけ積極的に学び、外国語科目についても日本語との比較という視点から積極的に取り組みたい。

→p.84に続く

文面へのコメント

➡**❶**：〇　志望校の魅力を提示することからスタートしています。また、他学部ではあるものの、兄が志望校に在学しているという点も強い志望理由としてアピールできています。私がおススメする書き出しは「将来像」の提示ですが、こういう書き方も悪くはありません。

➡**❷**：◎　学部・学科選定理由へのつなぎ方がグッド。

➡**❸**：△　幼少期にさかのぼる「きっかけ」が書かれています。もっとも、読んできた本・影響を受けた本の代表例などを挙げられればなおよかったと言えます。書名、および受けた影響の内容とその理由を面接でくわしく話せるよう、準備しておきましょう。

➡**❹**：〇　「近代日本文学」、つまり国文学のなかでとくに関心の強い分野とテーマが示されており、グッド。字数に余裕があれば、注目している作家と注目ジャンルまで書きたいところです。もし書くことが指定字数の関係で難しければ、面接で話せるよう準備しておきましょう。

➡**❺**：◎　教養科目を専門科目との関連でどのようなモチベーションから学びたいのかが示せていて、ベリーグッド。こういう点が、大規模大学や総合大学の強みです。

コシバからのアドバイス

　　兄も行っている大学に進みたい、国文学を修めたいという理由には説得力があります。しかし、面接ではおそらく「文学部で国文学を修める（文学部でも教員免許の取得が可能）のではなく、なぜ国文学を修めるために教育学部を選ぶのか」という質問が出てくるはずですから、その回答として、あえて教育学部を選んだ理由にこの志望理由書内でも触れられていればなおよかったと言えます。

　このように、隣接学問や類似学部がある場合には、なぜ「そちら」ではなく「こちら」を選んだのかという理由を述べる必要があります。

→p.82から続く

　2つ目は、日本語と文学に関するこのような取り組みを教育につなぎたいという思いからである。　将来は、高校の国語教員として文学の魅力を伝えたい。また、一方通行にならないよう、みずからも思考し生徒との対話によって成長できる教員、政治や国際社会や異文化理解の教養もあわせて伝えられる教員をめざすべく貴学で学びたいと考えている。

　教育格差と活字離れが問題となっている現在、国語は全教科のベースであるという責任と誇りを感じながら、教育者としてそれらの問題解決に寄与したい。

〔576字〕

全体を通じたコメント

　志望校の魅力と、そこでどのように学びたいかというアピールに重点を置いた志望理由であり、説得力があります。なお、この志望理由書の作成者は、実際に難関校合格を果たしています。

　できれば教員志望の動機、とくに高校の国語教員をめざすに至った理由が書けると、なおよかったと言えます。もっとも、おそらく面接ではその点がしっかりと話せていたと思われます。

　みなさんも、面接で話す内容やそこでの振る舞いまで意識しながら、志望理由書を作成しましょう。

文面へのコメント

➡**❻**：○　教育学部で国文学を修めたい理由が提示されていて、グッド。

➡**❼**：○　教員としての「将来像」が明確に提示されていて、グッド。な
お、「伝えたい」という「文学の魅力」については、面接で「他者への
共感力や想像力を引き出す魅力」など具体的に話せるよう、準備して
おきましょう。

➡**❽**：◎　みずからが進みたい教育分野における「問題意識」と、「問題
解決」への意欲が示されていて、グッド。また、自分が取り組みたい
分野である国文学の魅力を「国語は全教科のベース」という的確な表
現で強調できている点もグッド。

コシバからの
アドバイス

　　　「教育格差と活字離れ」という「問題意識」の指摘
がグッド。これは、人文・教育系小論文で出題される可
能性があり、また、志望理由書に記したかどうかとは無関係に面接で
も単独で質問される可能性があるほど重大な問題です。

　この問題をめぐってはみなさんも自分の考えをまとめ、メモしてお
きましょう。いつごろから問題が起きているのか、なぜ問題になって
いるのか、放置するとどうなってしまうのか、解決に向けてどのよう
な方法や政策がありうるのか、その問題解決に対して自分はどのよう
に貢献できるのかなど、自分なりに考えをめぐらせてみてください。

第4節 志望理由書の事例

テーマ 12 学際系の志望理由書

重要度 ★★★★★

★合格者が記した志望理由書から「受かる書き方」を逆算しよう

以下は、多くの学問分野を横断する総合的な系統である学際系受験生による事例です。約800字と、少し多めの字数設定となっています。

本学の志望理由を800字程度にまとめて書きなさい。

① 私は、これまでの陸上競技経験を生かし、身体的な感覚を再現する取り組みとして、バーチャル・リアリティ技術と実際に身体がかかわるシミュレーションを貴学で研究したいと考えている。この研究は、アスリートに貢献するのみならず、医療におけるリハビリテーション、教育における経験の拡張、およびエンターテインメントへの利用にも開かれている。そうした学際的・総合的な研究と実践の場として貴学を志望する。

② 私は、中学・高校で、棒高跳びの選手として全国大会に出場したことがある。棒高跳びはほかのメジャー競技と比べて観客数が少なく、「見られることによる競技パフォーマンスの向上」が期待できない。これでは、競技人口は増えない。棒高跳びには、ダイナミックな動き、ポールの鳴り響く音、高さ4m級の跳躍などの魅力がある。③ それならば、棒高跳びで味わえる躍動感を疑似体験できないだろうか、と考えた。

④ こうした発想のヒントは、貴学のオープンキャンパスでつかんだ。●●教授の研究室ブースでは、VRゴーグルによるサッカー選手視線の再現体験、アメフトにおけるタックルの疑似体験を味わった。その体験から、いままで想像すらできなかったこれらの身体感覚は棒高跳びにも応用可能ではないかと考えたのである。

→ p.88に続く

文面へのコメント

→❶：◎ 大学での「研究計画」とその「社会的意義」、および「問題解決」が冒頭でドーンと示されている、非常に力強い書き出しです。さまざまな学問分野にまたがる学際系にふさわしい内容となっており、グッド。

→❷：◎ 「きっかけ」および「問題発見」に関する記述が具体的であり、グッド。目のつけどころも斬新。棒高跳びで全国大会に出場するレベルの選手だからこそ、このような鋭い洞察が可能なのでしょう。

→❸：○ 「きっかけ」と「問題発見」を大学での学びにうまくつないでいて、グッド。

→❹：◎ 「なぜこの大学でなければならないのか」という理由として、オープンキャンパスにおける発表との出合いが書かれていて、グッド。

コシバからのアドバイス

　自分の関心に近い研究や先行研究に関して読んできた本が挙げられると、現在の記述よりも「きっかけ」および「きっかけの深め」がさらに強くアピールできたはずです。挙げる本が志望校教員の著書であれば申し分ありません。もし字数に余裕がなければ、面接で話せるよう準備しておきましょう。

　教員名は、くれぐれも間違わないように。大学の公式サイトで必ず確認しましょう。

→p.86から続く

棒高跳びでは、助走を始めてからマットに着地するまでの約10秒間でさまざまな刺激を受ける。その感覚をVR装置で再現することができれば、跳躍中の迫力を選手以外でもリアルに近い感覚で味わうことができるのではないだろうか。そのために、棒高跳び競技中に選手が受ける感覚について研究したい。また、その感覚を装置で表現する方法を、●●教授の研究室で追究したい。この装置があれば、トレーニング、さらにはリハビリ、次世代体感型教育、ゲームなどにも応用可能となる。

この技術の実現には、スポーツ科学・人間科学・情報通信技術・機械制御工学・神経科学分野との協働が必要で、このような取り組みが可能なのは貴学部以外にはない。以上の理由から、貴学への入学を希望する。

〔841字〕

全体を通じたコメント

「問題発見」「研究計画」に関する記述に厚みがあり、特徴が表れています。

ただし、自分が取り組みたいテーマに関する「社会的意義」は示されているものの、「卒業後の進路」が示されていないので、面接で話す必要があります。面接では、大学院に進んで研究を続けたいのか、あるいは自分の研究をアスリートであるみずからに適用し競技者の道を歩んでいきたいのか、それともその両方の可能性を考えているのか、などを具体的に話しましょう。

文面へのコメント

➡**❺**：◎ 「研究計画」が具体的で、グッド。注目している教員にも触れられていて、グッド。

➡**❻**：◎ 研究結果がもたらす社会貢献が示されていて、グッド。

➡**❼**：◯ 学際系に進学したい必然性、「なぜこの学部でなければならないのか」という理由が書かれていて、グッド。

コシバからのアドバイス

　　「学際」「総合」の名を冠する学部・学科への進学を考えているのであれば、自分が取り組みたいテーマになぜ多角的アプローチが必要なのかが説明できなければなりません。反対に、1つの分野に限定された単独アプローチにはどのような不足や問題があるのかという視点から説明することも可能です。

　「学際」（「学園祭」の「学祭」ではありません）は、英語ではinterdiscipline、あるいは interdisciplinary と表されます。disciplineには「学問修業」という意味があります。また、inter- は「〜のあいだ」という意味の接頭辞です。この英単語からも、「学際」が「学問と学問のあいだのつながり」を意味していることがわかりますね。

　具体的にいうと、学際系で扱われる領域には、環境関連、人間科学関連、政策関連、情報科学関連などが含まれます。学際系志望者は、面接の場で、自分が研究したいテーマではどのような種類の「学問の束」が必要になるのか、その理由は何か、その研究成果にはどのような可能性があるのかを話せるよう、準備しておきましょう。

テーマ 01 人文・教育系を選んだ理由

重要度 ★★★★★

質問例

「文学部を選んだ理由を話してください」

ダメな回答はこれだ

★同語反復だよ

ダメ回答 ①

文学が好きだからです。

ダメ出しポイント

　質問した試験官も心のなかで「そりゃそうでしょ」というツッコミを入れたはずです。あるいは、はっきりそう口に出すかもしれません。きらいなら、わざわざ受験するわけはないからです。これでは、試験官に対して有効な情報を提供できていません。こういうのを「同語反復（トートロジー）」と言います。

　試験官が問いたいのは、なぜ・どこが・どのように好きなのかという点、さらには、現在の社会状況をどう踏まえて選んだのかという点です。また、これらについてどれだけ具体的で明晰に表現して回答できるかという点にも注目しています。

★くわしい説明が必要

ダメ回答 ②

今後最もセクシーな学問が文学だからです。

ダメ出しポイント◌◌

巨大IT企業Googleのチーフエコノミストだったハル・ヴァリアン氏が述べた「今後10年で最もセクシーな職業は統計家だ」という言葉がベースとなっている回答ですね（ちなみに、ここでの「セクシー」は「魅力的」という意味であり、性的なニュアンスはありません）。完全に「ダメ」ではないものの、説明不足です。もし「魅力的」であるならば、その魅力もあわせてもっとていねいに説明すべきです。

合格回答はこれだ ✿✿

★社会状況を踏まえて学問の魅力が話せている

> 合格回答 ①
>
> ❶社会に役立たない文学部を廃止しあるいは縮小して、将来もっと役立つデータサイエンス学部に変えていくべきだという声もあるようですが、❷そういう偏狭な価値観を問い直し、人間そのものや人間が生み出すものを考察するという役割がある文学部で学ぶことに、現代だからこそ価値があると考えて志望しました。

評価できるポイント◌◌

- ●❶：現在の社会状況とその状況に含まれる問題の指摘がグッド。
- ●❷：社会がかかえる問題に対処するという学問の魅力が提示されていて、グッド。社会の動向に応えることだけが、学問の務めではありません。とくに、人文系ではね。あるいは、「文部科学省は実用研究にばかり予算をつける傾向にあるようですが、そのような現代だからこそ、人間自身や人間の生み出す表現や文化に焦点を当てる文学が重要だと考えました」などと話すこともできます。さらには、「知的障害者施設を公費で運営することに対して『税金のむだ遣いだ』と考える人がいる現代を踏まえれば、人間の尊厳を考える人文科学の知が、いまほど必要なときはありません」など、社会の動きを見据えたうえで、それに迎合するのではなく、自分が人文系を選択する意義や理由を話せれば申し分ありません。

質問例

「教育学部を選んだ理由を話してください」

ダメな回答はこれだ

★みずからの内発的な動機ではない

ダメ回答 ①

父親と高校の先生から勧められたからです。

ダメ出しポイント

だれかからの「推し」があったと話すこと自体はかまいませんが、それだけの理由、それがメインの理由であってはなりません。自分自身による内発的動機ではないからです。

★「他者貢献」という視点が欠落している。主体性も見られない

ダメ回答 ②

親や親戚に、「教員は安定した仕事だから、いいよ」と勧められたからです。

ダメ出しポイント

典型的な「ダメ回答」です。この質問には、本来、「他者貢献」の喜びや責任を話すべきなのに、「自分側の安定」を話してしまいました。しかも、周囲から言われるまま、みずから考えることなしに！

たしかに教員はすばらしい仕事ですが、教育にはさまざまな困難や課題があります。のんきに「安定した仕事」などと言うことはできません。現代社会で教育に関する具体的な困難や課題を認識していない人が、安易に教育学部を志望すべきではありません。

★教員養成系の教育学部の場合

合格回答①

　私はこれまで、よい先生との出会いのおかげで成長できました。また、教員は生徒への教育を通じてその後もずっと成長できる仕事だと考えています。そのため、教員養成課程のある教育学部を選びました。

評価できるポイント🌸

- ❶：教育に関連するみずからの体験が話せていて、グッド。
- ❷：みずからが考える仕事像・教員像が提示できていて、グッド。

★教員養成系ではない教育学部の場合

合格回答②

　貴学の教育学部多文化共生コースは、教員免許取得が必須ではないこと、文化人類学が学べること、国際協力機構など途上国支援として人を育てることに携われるため志望しました。

評価できるポイント🌸

- ❶：特徴がある教育学部を志望している例です。よく調べていますね。このように、国立の教育学部であっても教職課程・教員免許取得を必須としないコースが用意されている例があります。
- ❷：教育学部を志望する必然性が、単に海外関連の仕事に就けるという理由だけでなく、人材が育成できるという理由とも結びついていて、グッド。

回答のキモ

- 「なぜ人文・教育系学部を選ぶのか」というポジティブな意義を、自分自身に向けて、あるいは保護者と大学に向けて具体的に話せるよう準備しておきましょう。

テーマ 02　志望校を選んだ理由

重要度 ★★★★★

質問例

「本学の志望理由を話してください」

⬇

ダメな回答はこれだ 💧

★大学を立地で選ぶのか？

ダメ回答 ①

自宅から通えるからです。

ダメ出しポイント 💧

「小中学校レベル？」「かかりつけの歯医者？」とツッコミたくなる回答です。たしかに、下宿せず自宅から通学できる点は経済的には大きなメリットですが、大学の志望理由としては不適切です。志望校が魅力的であれば、たとえ一人暮らしをしてでも、学生寮に入居してでも進学したいはずだからです。似たようなダメ回答には、「貴学がある●●の街並みがすばらしいから」というものもあります。「●●」には、京都、横浜、神戸、倉敷などの風光明媚な地名が入ります。「そちらの理由？」という大学側のツッコミが聞こえてきそうです。

　これらのような、志望校を立地条件で選んだという理由はNGです。あくまでも理由は「学問の場としての志望校の魅力」であるべきです。

　ただし、志望校の立地条件と学びたい分野が結びついている理由であればOKです。たとえば、地域学部志望者による「この地域が、市街地再生に関する生きた教材だからです」という回答であれば高く評価されます。

★人文・教育系学部は、ほかにもたくさんある

> ### ダメ回答 ②
>
> 志望する●●学部▲▲学科があるからです。

ダメ出しポイント

　野球にたとえれば、球の芯に当たっていないため相手に打ち返せていない「ファールチップ」の回答です。その●●学をどう学べるのがその大学の特徴であるかという点への理解度が試されているからです。

★志望校に失礼だぞ

> ### ダメ回答 ③
>
> 受験の難易度が、私にちょうどよいからです。

ダメ出しポイント

　面接でこのとおり言うかどうかはともかく、これが本音だという受験生は多いはずです。しかし、このように失礼な回答が「等身大でよろしい」などとプラス評価されることはもちろんありませんので、言うべきではありません。

　そのこと以上に問題なのは、「受験の難易度」「偏差値」という基準で志望校を決めている点です。この回答だと、試験官からは、「受験準備をおざなりに済ませてきたのではないか」「自分を高めようとする意欲が低いのではないか」と思われてしまいます。

　仮に入学できたとしても、はたして「自分を入れてくれた親切なちょうどよい大学」でまともに勉強し成長しようという気持ちになれるでしょうか。また、自分の身の丈に合ったレベルの大学で満足できるでしょうか。このように、「モチベーション」と「プライド」の両面から考えると、受験の難易度のみにもとづいて志望校を選ぶことのデメリットがわかってくるはずです。

　なかには、「でも、背伸びして合格できても、入学後の授業についていけ

ないのではないか」と思っている受験生がいるかもしれませんが、問題ありません。ついていけそうもなければ、そもそも合格できないからです。

　偏差値による輪切りは、学力の有無を問う一般選抜で十分可能です。大学側が一般選抜以外にあえて推薦・総合型を実施するのは、単純に得点化できない個性的な志望理由をもつ受験生に来てほしいからです。

　志望理由として大切なのは、この本で繰り返し述べているように、「学問への関心の高さ」「その大学でなければならない、志望校がもつ魅力」です。みなさんもこのチャンスを生かすべく、最高の志望理由を考えましょう。

合格回答はこれだ

★関心分野が学べる点に触れている①：志望校の魅力

合格回答①

　❶貴学文学部の特徴は、人文社会科学を広域に学べる点にあります。　❷私は社会心理学を学びたいと考えていますが、関連学問である哲学・倫理学・芸術学・人間科学・社会学の専攻もあり、そこからも知的刺激を受けられます。
　❸心理学科については心理学実験が必修になっており、実験装置や実験動物の扱いが学べて実験レポートのトレーニングが受けられる点に最大限の魅力を感じ、貴学を志望しました。

評価できるポイント

- ●❶：志望校の特徴を的確にとらえています。このように、大学のなかには、多彩な学問を幅広く学べる学部をもつところがあります。反対に、日本文学科や英米文学科などの特定の分野に強い大学もあります。
- ●❷：こちらも、❶と同様、志望校の特徴を「学問への関心」という視点から的確に話せています。
- ●❸：関心分野につながる志望校の特徴にあらためて触れられていて、グッド。焦点がぼやける可能性のある❷の回答を、うまく補足説明しています。

★関心分野が学べる点に触れている②：明確な将来像

合格回答 ②

　①貴学は国立の総合大学であり、その充実した環境下で教育学が学べるからです。　②私は、教育学部で英語教育法や英語学をしっかり勉強して、教科指導力の高い英語教員になりたいと考えています。　③貴学には人文学部があり、英米文学や西洋史学の授業も受講できる点に大きな魅力を感じています。

評価できるポイント

- ●**❶**：志望校の特徴を的確にとらえています。反対に、「●●教育大」など、教員養成系の単科大学だから行きたいという理由もありえます。どちらを選ぶかは、受験生それぞれの考え方次第です。
- ●**❷**：メインの志望理由が話せています。また、「教科指導力の高い英語教員」という明確な「将来像」が話せている点もグッド。
- ●**❸**：「その大学でなければならない、志望校がもつ魅力」が話せていて、グッド。

回答における注意事項

- ●英米文学科、英語教育系、外国語学部などの面接では、「志望理由を英語で話してください」と言われる場合があります。このときに求められるのは、欧米文化を紹介するための英語ではなく、自分自身を語るための英語です。練習を通じて英語の運用力も高まりますから、きっちり準備しておきましょう。
- ●併願可能な大学では、「本学が第1志望校ですか」と問われる場合がありますが、他校が第1志望校であるならば、無理にウソをつかず、正直にそう答えても問題ありません。つまり、「第1志望校ではない」という理由で不合格になることはないのです。そういう大学は、もともと併願を可とすることによって多彩な人に受験してもらいたいからです。もちろん、その大学が第1志望校であれば「はい、合格したら進学します」と答えてください。

第 5 節 一般的な質問と回答パターン

テーマ 03 自己紹介

重要度 ★★★★★

質問例

「30秒程度で自己紹介してください」

ダメな回答はこれだ

★大学での学びに結びついていない

ダメ回答 ①

血液型はAB型なのに、性格は典型的なB型だとよく言われます。几帳面（きちょうめん）とおおらかさが同居している感じで、人望はあるほうです。友人にはよく頼りにされます。ペットであれば、イヌ派ではなくネコ派です。実家ではクロネコを飼っていて、エドガーと名づけています。横浜市出身ですから、野球チームでは横浜DeNAベイスターズのファンです。

ダメ出しポイント

部活動やサークルなどでの自己紹介なら、これでもOK。すぐにでも何人かと話題が盛り上がりそうです。でも、大学受験の面接にはふさわしくありません。大学受験の面接における自己紹介では、どのように人格形成を遂げてきたか、どのような価値観をもっているか、学問や社会問題への関心がどの程度あるか、などを話せなければなりません。

★それだけ？

ダメ回答 ②

親の仕事の関係で、幼少期から高1まで海外で生活したので、日本語よりも英語に親しみを感じています。帰国後も高校の国際クラスに所属しており、自分は国際人だと思っています。

ダメ出しポイント💧

「自己紹介」としてはあまりにも内容が薄すぎます。せっかく「親の仕事の関係で」長期海外滞在という貴重な経験をもっているのですから、その経験の内容、そこから得たこと、成長したことなどを話して、<u>自分の内面と考え方を伝える</u>べきです。また、「国際人」とはどういう人なのかについても具体的に説明する必要があります。

★資格はたくさんもっているけれど……

ダメ回答 ③

　私は、英検準1級、漢検2級、剣道初段、書道3段、世界遺産検定1級、歴史能力検定「日本史」2級、コミュニケーション検定2級を取得しています。今後は、数検2級に挑戦します。

ダメ出しポイント💧

　資格をたくさんもっているのはすばらしいことです。しかし、資格でしか自分を語っていない点は残念。ここでは、<u>取得済み資格名を挙げるだけでなく、それらをめざそうとした理由、および資格の勉強による成長や勉強の工夫などを具体的に話す</u>べきです。

合格回答はこれだ 🌸

★自己紹介が自己の成長と結びついている

合格回答 ①

　①幼少期から高校まで水泳や書道の教室に通っていたため、家庭と学校以外にも人間関係の拠点があり、多面的な人格形成が遂げられたと思います。②また、指導を受けて成長することの喜びと、それまでと違う物の見え方を味わう喜びも経験しました。これは、教育者になろうと決めたきっかけの1つでもあります。③多様な人びとがいるということへの興味から、多彩な人物が登場する小説を読むことが趣味です。

評価できるポイント

- ●❶：単に習い事を並べるだけでなく、その意義と自分の成長について触れられていて、グッド。
- ●❷：これまでの経験から得られたことと志望理由が結びついていて、グッド。
- ●❸：趣味に関する説明が、単に「素」の自分を語るのではなく、「教員を志望する自分」というオフィシャルな紹介につながっています。

★自己紹介が学問への関心と結びついている

合格回答 ②

❶私は堂々と自分を「文学少女」だと言ってはばかりません。早くに父を亡くし家が経済的に苦しかったため習い事ができず、本を買ってもらうこともなかったため、幼少期からの楽しみは図書館に通うことでした。❷文字から広がる世界に夢中になり、これまでに多様なジャンルの本を読み漁りました。小学校高学年から日記代わりにつけていた読書ノートは、もう何十冊にものぼります。❸違う世界に触れられるという点で外国文学が好きであることから、貴学のフランス文学科で学び、かつて日本語で読んだ本を原書で読めるようになることが夢です。

評価できるポイント

- ●❶：志望学部にふさわしい自己紹介ですね。
- ●❷：単なる本好きというレベルを超えていて、「文学少女」と呼ぶにふさわしい内容です。
- ●❸：志望学部と結びつく締めくくりもグッド。

★自己紹介が社会問題への関心と結びついている

合格回答 ③

　①小学生のころ学習漫画『日本の歴史』『世界の歴史』を夢中で読んだことがきっかけで、差別という社会問題への関心が芽生えました。それ以来、国内にも国外にも、歴史のなかにも現代のなかにも、人種・民族・性別などさまざまな差別があることに心を痛めてきました。②高校入学後は、読書やボランティアを通じて、何が人と人をつなぎ、何が人と人を分断するのかを考えてきました。③そのため、貴学では心理学を学びたいと考えています。

評価できるポイント

- ●❶：どのような社会問題に関心をもってきたかを話せています。大学受験の面接にふさわしい知的水準がクリアできていてグッド。
- ●❷：単にかかわってきた活動を挙げるだけでなく、活動の内容、およびその活動から考えたことまで話せています。
- ●❸：大学での学びと結びつく締めくくりもグッド。

回答における注意事項

- ●英米文学科、英語教育系、外国語学部などの面接では、「英語で自己紹介してください」と言われる場合があります。きっちり準備しておきましょう。

回答のキモ

- ●この本はいくつものテーマを設定し、死角をつくらない構成をとっていますが、それぞれのテーマに共通する中心核は「学問への関心」であり、その点は「自己紹介」も同様です。

第5節　一般的な質問と回答パターン

 04 自分の長所と得意科目

重要度 ★★★★★

質問例

「自分を振り返って、あなたの長所について話してください」

ダメな回答はこれだ

★長所が大学での学びに結びついていない

ダメ回答 ①

人見知りせず、だれとでもすぐ打ち解けて会話できる点です。

ダメ出しポイント

　まったく「ダメ」だというわけではないものの、大学受験の面接における回答としては不十分です。社交的であることを学びの場である大学で長所として生かすためには、この回答のあとで、たとえば「大学の授業などでも活発に発言し、揚げ足取りではなく、議論を盛り上げることができると思います」などと補足する必要があります。

★努力と成果の結びつきが説明できていない

ダメ回答 ②

努力家である点です。

ダメ出しポイント

　不十分な回答です。受験生はこれまで「努力というものの疑いなき価値」を教え込まれてきたため、大学受験の面接という場でその点を自分の長所として提示しようと思っているかもしれません。しかし、大切なのは、努

力自体よりも、「問題発見」「問題解決」のためにどう努力してきたか、その努力によってどのような知見を得たかという点です。面接では、努力による成果を、学問・大学・社会への貢献に結びつけて話せなければなりません。単なる「努力家」のアピールではなく、大学との関係を念頭に置きながら自己PRすべきなのです。

合格回答はこれだ ✿

★学問全般に通じる知的な姿勢が示せている

 合格回答 ①

　①独善・独断に陥らないよう物事を多角的にとらえられる点、自分とは違う意見にも耳を傾けられる点です。②これらの長所は、小論文の受験勉強を通じて身につきました。

評価できるポイント ✿✿

- ●❶：これらは、学問に向かう姿勢としてとても重要です。大学での学問には唯一解というものが存在しませんから。一方、「わからないことがあれば放置せず、すぐにネット検索します」という回答は不十分です。「ネット検索で済まさず、複数のメディアを参照しています」という回答であれば、長所と言える知的習慣のアピールとして有効です。
- ●❷：その長所を獲得した過程が説明できていて、グッド。

質問例

「得意科目について話してください」

⬇

ダメな回答はこれだ ●●

★単語レベルで済ませてしまっている

英語です。

ダメ出しポイント◯◯

せっかく得意科目について語れる場が与えられているのですから、淡泊に単語で済ますのではなく、なぜ得意と言えるのか、どういう学び方で得意になったのか、どういう点が得意なのかなどを試験官に伝えましょう。たとえば「英語、とくに英作文です。こなれた英語に訳すことや、日本語の表現との違いを味わうことが好きです」「古文に出てくる和歌です。まるでSNSのようにやり取りされた和歌の多くが残っている点に魅力を感じます。また、和歌の鑑賞を通じ、現代人の感性とどこが変化しどこが変わっていないのかを比較することが好きです」など、得意・好きの背景にある情報を加えてください。このような回答は、大学の授業でも中身の濃い発言ができる人材であることのアピールにつながります。

合格回答はこれだ 🌸

★学問への関心が志望校での学びに結びついている

合格回答 ①

❶日本史です。文化史・文学史には以前から関心があったのですが、高校の授業ではそれらについてくわしく学べませんでした。❷そこで、政治・経済・科学技術が文化や文学にどのような影響を与えてきたのかを自分で調べたところ、歴史そのものに興味がわき成績も上がったため、日本史学科をめざしたいと考えるようになりました。

評価できるポイント🌸🌸

- ❶：日本史への関心が具体的に説明できていて、グッド。また、志望学科での学びとの関連づけもグッド。
- ❷：学び方の工夫について述べられていて、グッド。また、❶と同様、志望学科での学びとの関連づけもグッド。

★高校での学習が志望校での学びに結びついている

合 格 回 答 ②

　数学と情報です。数学と情報で身につけた知識を生かして、貴学異文化コミュニケーション学部でデータサイエンスの手法をどう活用できるか研究したいと考えています。

評価できるポイント

　志望学部との関連づけ、学問のフロンティアを広げようとする意欲の表明、ともにグッド。この回答を受け、試験官から「データサイエンスの手法を使ってどのようなことを研究しますか」などの追加質問がくる可能性があります。回答に対して追加質問がくるのは、試験官が受験生に興味をもっている証拠です。具体例がすぐに思いつかなければ、たとえば「言語や異文化理解に関するデータ解析の先行研究を調べたいと思います」などと返答しても OK です。

★高校で受けた授業の内容がくわしく話せている

合 格 回 答 ③

　倫理と政治・経済です。①高校の授業が討論型をとっていて、単に用語を覚えるにとどまらず、②「自由」「平等」「正義」をめぐってどのような意見があるか、現実に即したどのような具体例があるかなどをくわしく学ぶことができました。

評価できるポイント

- ●①：このように、ある科目が得意・好きになった理由を、自分が受けた授業のスタイルというアプローチによって説明することも可能です。
- ●②：高校で受けた授業の具体的な内容が説明できていて、グッド。この回答を受け、試験官から「『自由』『平等』『正義』をめぐるどのような意見がありましたか」などの追加質問がくる可能性があります。その回答として、たとえば、「J. S. ミルが唱えた功利主義が現代の日本でどれだけあてはまりそうかを討論しました」などと話せれば申し分ありません。

第5節 一般的な質問と回答パターン

05 自分の短所と苦手科目

重要度 ★★★★☆

質問例

「自分を振り返って、あなたの短所について話してください」

ダメな回答はこれだ

★面接でなぜ短所が問われるのかが理解できていない

ダメ回答①

えっ、短所ですか？　私には、そのようなものはありません。

ダメ出しポイント

　さすがにここまで大胆不敵で不遜な受験生はいないでしょう。もしいたとしたら、「自分に短所がないと信じてはばからない、そのこと自体が短所だよ。自分を客観視して冷静にとらえることができない受験生だね」とツッコミたくなります。大学受験の面接では、自分の長所だけが見られるわけではありません。今回のように、まさにその「自分を客観視して冷静にとらえること」ができるかどうかという「自己省察」の能力を判断するため、大学側があえて短所を問うこともあるのです。試験官は、この質問を通じて、受験生が短所・問題点に自覚的であるかどうか、改善可能性・成長可能性があるかどうかを見ています。

★過剰な自己否定が評価を下げている

ダメ回答②

短所だらけ、欠点だらけで、私は人間のクズです。

ダメ出しポイント○゜

　過剰なまでの自己否定です。もしこのようなことを言い出す受験生が目の前にいたら、「太宰治かよ！」とツッコミたくなります。前述のとおり、面接は、受験生が自分の短所を冷静にとらえることができているかどうかを見る場ですから、みずから「人間失格」を宣言する必要はありません。

★大学での学びとは何も関係のないことを話している

ダメ回答 ③

　方向音痴です。

ダメ出しポイント○゜

　地理学科志望の場合には短所となりえますが、それ以外の専攻では学びといっさい無関係ですから、無効な回答です。ほかにも、「背が低い」「見た目が悪い」「毛深い」などの身体的特徴も、大学での学びとは結びつかないため、短所として挙げるのは不適切です。

合格回答はこれだ ❀ ❀

★短所を長所に変えてアピールしている

合格回答 ①

　❶好きなことに熱中しすぎて、周りの状況が見えなくなる場合がある点です。❷たとえば、電車の中で読書に夢中になりすぎて、降りるはずの駅を通過してしまったことが何度もあります。

評価できるポイント♧゜

- ●❶：しっかり自己省察できています。また、熱中しすぎるという短所を、好きなことがあるという長所に変えることに成功しています。
- ●❷：具体例を即座に示している点がグッド。しかも、その具体例が読書という知的な営みである点もグッド！

★短所がフォローできている

　好きな科目に力を入れすぎるあまり他科目の勉強時間を削ってしまうな
ど、バランス感覚に欠ける点です。　大学では、専門科目だけでなく、一般
教養科目もバランスよくしっかり学ぶつもりです。

評価できるポイント

- ❶：短所を冷静に分析するとともに、関心の向く勉強に邁進できてい
　　る点がアピールできています。

- ❷：短所について話す場合には、短所を言いっ放しにするだけでなく、
　　このようなフォローが添えられれば申し分ありません。とくに、
　　このフォローは大学での学び方に結びついていて、グッド。また、
　　「自分の意見をはっきり言えないところが短所でしたが、貴学受験
　　のための志望理由書作成や面接・小論文対策を通じて克服できま
　　した」という回答でも OK です。

質問例

「苦手科目について話してください」

ダメな回答はこれだ

★不用意に決めつけてしまっている

　英語や日本史・世界史などの暗記科目です。

ダメ出しポイント

　英語や歴史科目を「暗記科目」と不用意に決めつけることはよくありま
せん。大学では、学問を暗記ではなく理論にもとづいて研究するからです。
ここでは、「意味を考えない暗記は苦手なので、英単語は語源や関連語と組
み合わせて理解しようと努め、歴史の学習ではつねに因果関係を意識しま

した」などの回答が適切です。

★苦手科目から逃げたことが露呈している

ダメ回答 ②

理数科目が苦手だったので、人文・教育系を選びました。

ダメ出しポイント◌◌

面接中、つねに人文・教育系で学びたいと積極的にアピールすべきところ、このような消極的理由を話してしまうのは大きなマイナスです。たとえネガティブな理由から選択したとしても、面接で打ち明けてしまうと低評価がつきます。

第1章／第1節／テーマ03でも、面接は、「素」の自分ではなく、オフィシャルな自己像をアピールする場だと説明しました。大学側は、入学してから4年間続く学びに積極的になれる受験生を合格させたいのです。

合格回答 は こ れ だ ✿

★苦手科目に対する取り組みがアピールできている

合格回答 ①

①数学が苦手だったので、中1レベルから学び直しました。②得意科目に変えることはできませんでしたが、共通テストの過去問で平均点以上の得点率を上げられる水準には到達できました。③数理的思考は、人文・教育系でも必要だと考えています。

評価できるポイント✿◌

- ●❶：苦手科目を放置せず、なんとか工夫して取り組んだことがアピールできています。
- ●❷：❶で挙げた取り組みによる具体的な成果が示せていて、グッド。
- ●❸：そのとおりです。数理的・論理的思考は、大学での学びを豊かにしうるものです。

第 5 節　一般的な質問と回答パターン

テーマ 06　高校生活

重要度 ★★★★☆

質問例
「高校生活で最もがんばったことや、
最も誇れることについて話してください」

ダメな回答はこれだ

★自己 PR が求められているのに遠慮？　謙虚？　慎み？

ダメ回答 ①

とくにがんばったと言えることや、誇れるほどのことはありません。

ダメ出しポイント

　慎み深さは日本社会では美徳の 1 つですが、自己 PR が求められる面接ではNGです。試験官は、この質問を通じて、受験生がどのようなことを経験し、どのような価値観をもち、大学でどのような主体性を発揮して学生生活が送れそうかを評価したいのです。志望理由書では「志望校への貢献」について書くことが望ましい ⇒第2章／第3節／テーマ02 のと同じように、面接でもこれらをアピールし、意欲を示すべきなのです。

　たとえば、部活動では補欠で試合に出られなかったとしても、「問題発見の習慣が身についた」「他者をよく観察する目が養えた」など、失敗談のなかにも「がんばり」や「誇り」があるはずです。

★答えが 1 つに絞れていない

ダメ回答 ②

　2 年からバレーボール部副部長を務め、チームは県大会で 3 位となりました。また、生徒会では議長を務め、3 年では文化祭実行委員にも選ばれました。勉強も手を抜かず、全科目がんばりました。

ダメ出しポイント◌◌

先ほどの例とは反対に猛アピールしていますが、総花的すぎて、「最もがんばったこと」「最も誇れること」が1つに絞り切れていません。

大学側は、この質問を通じて、受験生の価値観や考え方を評価したいのです。それらが伝わらなければ、たとえ内容が盛りだくさんでも無意味です。「学びと部活動・委員会活動の両立、高校生活の充実を目標にしてきました。たとえば～」など、最初にインパクトのあるまとめから話すと、散漫にならず引き締まった回答になります。

大学の授業、とくに対話や討論からなるゼミでは、言葉による応答にズレが生じると、議論が展開していきません。どのような質問も大学での学びに結びついていると考えて回答しましょう。

★継続や忍耐が自分の売り？　21世紀も浪花節？

ダメ回答 ③

チアリーディング部に属し、中高合わせて5年半続け、部長も務めたことです。練習がきつく、コロナ禍もあって辞める部員もいましたが、忍耐力で乗り越えました。

ダメ出しポイント◌◌

ズレなく回答できています。一見これでよさそうに思えるものの、推薦・総合型の面接としては不十分です。ここでは、継続よりも「そこからわかること」、忍耐よりも「問題解決のための工夫」を説明できる知性が求められているからです。言い換えれば、大学側が受験生に期待しているのは、あらかじめ存在している「最もがんばったこと」「最も誇れること」を思い出すことではなく、平凡な経験であっても「最もがんばったこと」「最も誇れること」という付加価値を与えて話せる能力です。

具体的には、5年半ものあいだチアリーディングを続けたことによって見えたもの、部長としての責任を果たすなかでわかったこと、練習の工夫、部員をまとめる・部員と対話する工夫、コロナ禍での工夫、などがあれば

「最もがんばったこと」「最も誇れること」としてふさわしい内容となります。

★努力や工夫の中身がある／学問への関心と結びついている

合格回答①

①茶道部で活動し部長を務めたことです。②それまで茶道の経験がなかったため、部で作法を覚えるだけでなく、茶道の本や日本文化に関する書籍を読み、理解を深めるために努力しました。③こうした努力や後輩への指導力が認められて、部長に選ばれました。④茶道には競技大会がないので、文化祭での披露を目標として対話を重ね、部員のモチベーションを高めました。⑤私は、外国語学部で異文化論を学びたいと考えていますが、自文化についても語れる素養を獲得できたことを誇らしく思います。

評価できるポイント

- ●①：質問の意図に沿い、回答が1つに絞れています。また、簡潔な結論からスタートできている点もグッド。
- ●②：「最もがんばったこと」「最も誇れること」にふさわしい努力の内容が示されていてグッド。
- ●③：他者からの評価によって客観性が担保されていて、グッド。
- ●④：部活動におけるモチベーション上の問題と、問題解決のために工夫した内容が示されていてグッド。
- ●⑤：学問への関心との結びつきが示されていて、ベリーグッド。また、全体が1つのストーリーとなっており、話の展開・流れもグッド。

★「問題発見」「問題解決」の姿勢がうかがえる

合格回答 ②

　①文化祭活動委員会の副委員長として活動したことです。②ほかのメンバーをまとめつつ委員長をサポートし、先生たちとの連絡役としても役割を果たしました。③予算や日程の期限を守るという従来の課題に加え、コロナ禍での開催をどう実現するかという点について議論を重ねました。その結果、来場客は入れず、感染症対策に配慮したうえで学内開催に絞り、外部への発信はネットに限定しました。前例がない文化祭でしたが、④アンケートでは多くの生徒から満足と感謝の声が寄せられました。⑤こうした問題解決の姿勢は、貴学での学びの場にも貢献できると思います。

評価できるポイント🍀

- ●①：ストレートな回答で、グッド。以下もだらだら話さず、細かく区切って要点だけを話すスタイルが貫けています。
- ●②：活動内容や役割が具体的に示されていて、グッド。
- ●③：「問題発見」「問題解決」の内容が示されていて、グッド。
- ●④：他者からの評価によって客観性が担保されていて、グッド。
- ●⑤：大学での学びと関連づけられていて、グッド。

回答のキモ

- ●校内活動を振り返って「熱心に取り組んだ」ことを引き出し、ポジティブに言語化しよう！
- ●校内活動に関する回答に、「問題発見」「問題解決」「大学での学び」の視点をからめよう！

第 5 節　一般的な質問と回答パターン

テーマ 07　出身地・在籍する高校の紹介

重要度 ★★★★★

質問例

「出身地について、簡単に説明してください」

⇩

ダメな回答はこれだ

★説明が主観的

ダメ回答①

何もない、ただの地方です。

ダメ出しポイント

　たとえ出身地を卑下しても、「批判精神があって、知的だね」「生まれ故郷を冷静にとらえていて、洞察力があるね」などと評価されることはありません。また、「この世の天国です。私が世界一愛情を注いでいる街です」などと過剰に持ち上げても、高評価にはつながりません。試験官から「お調子者だな」と思われる可能性があります。大学側がこのように質問するのは、受験生が、他者に向かってどれだけ簡潔に、客観的に自身に関する情報が伝えられるかを評価したいからなのです。

合格回答はこれだ

★批判精神が発揮されている

合格回答①

　私の育った●●県○○市は、「遠州の小京都」というキャッチコピーを採用しています。 しかし、街のユニークさを提示せず「小京都」という紋切

型の表現で済ませてしまったことには疑問があります。③ それよりもむしろ「緑茶の名産地」という特徴を国内外に向けて発信するほうが効果的だと考えます。

評価できるポイント

- ❶：まずは街によるオフィシャルな紹介を示すことによって、❷・❸における展開の前フリとなっています。
- ❷：自分の出身地による情報発信の方法に対して疑義を呈しています。批判精神にもとづく「問題意識」が反映された回答であり、グッド。
- ❸：日本産の高級緑茶が欧米でも注目されているという点を踏まえ、この受験生が考える街の個性と可能性が示せていて、グッド。

★学問・職業への関心と結びついている

> 合格回答 ②
>
> ① 出身地は●●県の県庁所在地であり、数多くの歴史遺産が存在しますが、駅周辺がシャッター通り化しているという問題をかかえています。② 私は、●●県に中学の社会科教員として勤めることをめざしているので、③ 出身地が日本の近代化に果たした歴史、および現在かかえている問題と街の可能性を生徒に話し、故郷の発展に誇りをもって貢献できる若年層を育てたいと考えています。

評価できるポイント

- ❶：出身地に対する「問題意識」が反映された回答であり、グッド。
- ❷：出身地と、学問・職業への関心が関連づけられています。
- ❸：しかも、非常に具体的。

こんな質問もある

◆あなたが住む地域の課題は何ですか。

◆市町村合併のプラスとマイナスは何ですか。

質問例

「在籍する高校について、簡単に説明してください」

ダメな回答はこれだ

★学校の特徴が伝わってこない

ダメ回答①

●●県にある、普通科の公立高校です。

ダメ出しポイント

普通科の公立高校はどの都道府県にもたくさんあります。この回答では、在籍する高校の特徴が述べられていません。社会への「問題意識」や学部・学科にかかわる知識を問うほかの質問とは異なり、この質問では、受験生が適切な言葉を選んで過不足なく話せるかどうかという説明力が試されているのです。

★生徒自身による肉声が聞こえてこない

ダメ回答②

入学偏差値は50ほどですが、現役合格による大学進学者が比較的多いため、「お得な高校」と呼ばれています。

ダメ出しポイント

まるで評論家のようなコメントであり、血が通っていません。大学側が知りたいのは、調べればわかる入学偏差値のような外部評価や一般的なイメージではなく、当事者である生徒自身による内部評価です。言い換えれば、生徒自身による肉声、あるいは「『私』視点」による説明なのです。

なお、大学付属校に通う受験生に対しては、「なぜそのまま内部進学しないのですか」と問われる場合があります。回答を準備しておきましょう。

★高校の特徴と大学での学びが結びついている

合 格 回 答 ①

　「進学校」「お嬢様学校」のイメージがある中高一貫の私立女子校ですが、じつは部活動や文化祭・体育祭も非常に活発です。ボランティアが必須で、各自の関心と適性によって選べます。また、❷「創作・自由研究」という課題も出されます。そのなかから「ツーリズムに対する取り組みの国際比較」というテーマを選んで論文を書いたことが、貴学で観光学を学ぼうと考えるきっかけとなりました。

評価できるポイント

- ❶：一般的なイメージと生徒自身による内部評価が対比されていて、グッド。これこそが「『私』視点」による説明です。
- ❷：在籍する高校の特徴と、自分自身のかかわり、および大学での学びとが関連づけられていて、グッド。

★当事者意識から分析できている

合 格 回 答 ②

　●●県にある普通科の公立伝統校であり、多様な個性をもつ生徒が集まる点に特徴があります。生徒自身が互いの個性を認め合っているため、いわゆる「スクールカースト」はありません。私は、自分とは違う考え方をもつ同級生からたくさんの刺激を受けました。

評価できるポイント

　自身の高校を、当事者意識から鋭く分析できています。高校には、価値観や家庭環境などが相対的に近い生徒からなる学校と、このように、さまざまな背景をもつ生徒からなる学校があります。「スクールカースト」は、微差によって階層化された生徒間の固定的な序列をさします。

第 5 節　一般的な質問と回答パターン

卒業後の進路

重要度　★★★☆☆

質問例

「卒業後の進路について考えていることを話してください」

ダ メ な 回 答 は こ れ だ

★大学での学びと結びついていない

ダ メ 回 答 ①

YouTuberをめざします。

ダメ出しポイント

　まるで小学生レベルの稚拙な回答です。もし趣味ではなく将来の職業として本気でめざすのであれば、収益化の方法などを含むYouTuberとしての起業プランや知名度を上げる方法、動画コンテンツの方向性など、大学での学びと結びつけて話せなければ不十分です。

★進路の選択肢すらない？

ダ メ 回 答 ②

進路はまだ決まっていません。

ダメ出しポイント

　学力判定だけで合否が決まる一般選抜の受験生であれば「進路未定」でもかまいませんし、そもそも、大学側から「卒業後の進路」について問われることもありません。しかし、明確な「将来像」と「研究計画」を考え抜いたうえで出願しなければならない推薦・総合型受験において「進路未

定」と即答するのはマズイです。もっとも、「進路未定」が熟考の末に導き出された結論であれば問題ありません。ただし、その場合でも、進路の選択肢はいくつか挙げられなければなりません。

<u>第2章／第3節／テーマ07</u>で説明したとおり、卒業後の進路は大きく、「<u>就職・起業・独立</u>」「<u>進学</u>」「<u>留学・海外就職</u>」に分類されます。たとえば、「就職」には、民間企業、公務員、教職・大学職員、創作活動、家業を継ぐ、議員秘書、政治家になるための選挙への立候補、などの道があります。あるいは、ボランティア団体であるNGO（非政府組織）・NPO（非営利組織）への参加やこれらの創設なども考えられます。

または、「二足のわらじ」、つまり「本業＋副業」という兼業も考えられます。たとえば、森鷗外は「軍医＋作家」でしたし、宮沢賢治は「農業技術指導者＋作家」でした。なお、近年では一部の企業で兼業が認められています。

★進路と大学での学びとのミスマッチが起きている

ダメ回答 ③

> 金融・証券のトレーダー・ディーラーをめざしています。

ダメ出しポイント◌◌

このような職業を希望するのであれば、社会科学系に進むべきではないでしょうか。たしかに、人文・教育系からこのような方面に就職する人も、実際にはいます。また、職業選択の自由もあります。しかし、人文・教育系面接の回答としては違和感があります。<u>受験生が考える進路と大学での学びのあいだにミスマッチが起きているのです。</u>仮に「心理学を修めて証券市場の分析に生かしたい」と考えているとしても、この場合に優先すべきなのは心理学の勉強ではなく、金融や経済の勉強でしょう。ただし、米国の大学のように人文系の4年間を教養課程だと考え、大学院で金融工学や経済学などの専門分野を学ぶという明快な「研究計画」がある場合には、この回答でもOKです。

★進路の候補が示せている

合格回答①

　文学部文学科で学んだことを生かせる仕事として、新聞社や出版社などメディア系への就職を考えています。また、小説家になる夢もあるため、会社に勤めながら漫画やゲームのストーリー原作を書く活動を行うことも考えています。具体的な進路は、多くの文学作品や文学研究に触れるなかで大学入学後にまた検討していくつもりです。

評価できるポイント🌸🌸

- ❶：大学で学んだことを生かせる職業の例が示せていて、グッド。
- ❷：「卒業後の進路」についていくつかの選択肢が示せていて、グッド。

★進路を自分で切り開こうとする強い意志が伝わる

合格回答②

　外国語学部で学んだことを生かし、留学を支援する会社を起業すること、あるいはNPO法人を設立することを考えています。就職活動に振り回されず、大学での学びに専念したいからです。

評価できるポイント🌸🌸

- ❶：既存の企業に就職するのではなく、進路を自分で切り開こうとする強い意志が感じられる点、「研究計画」が具体的である点がグッド。もちろん、まずは企業に就職し、ノウハウや人脈を築いてから起業するという道もありえます。たとえば、フリーランスの記者・ライターになりたい場合でも、最初は新聞社などに勤めてから独立するという道が一般的です。
- ❷：日本では「新卒一括採用」という企業文化が存在し、学生による就職活動が一斉に始まるため、大学での学びに影響が生じたり、

留学の中断を余儀なくされたりするという問題が起きています。
この知識は、小論文対策としても使えます。

★教員としての「将来像」が具体化できている

合格回答 ③

　卒業後は、出身県に中学校の数学教員として勤めます。将来像は、「生徒
がつまずく箇所を熟知し適切な指導が与えられる教員」です。

評価できるポイント🌸

　教育系志望であれば「将来像」が「教員」であるのは当たり前ですから、
このように、教員としてあるべき姿を具体化することが必要です。

★「将来像」を実現するための道筋が示されている

合格回答 ④

　卒業後は、出身県での勤務には必ずしもこだわらず、英語教育者としての
研鑽（けんさん）を積むため、いったんは教員として高校の指導現場に立ち、その後大学
院に進んで、英語教育法の研究に取り組もうと考えています。

評価できるポイント🌸

　英語教育のプロフェッショナルになるという「将来像」を実現するため
の道筋が示されています。学部からすぐに大学院へ進むのではなく、いっ
たん社会人経験を積んでからめざすという進路は十分にありえます。欧米
なら、このようなルートで大学・大学院に進むことは、「社会人入試」「社
会人学生」などという言葉が存在しないくらい一般的です。7 〜 22歳を
「学齢期」などと呼び、学びを若い時期に限定してしまう日本は、大人の学
びに関して他国に大きく後れをとっています。

第5節 一般的な質問と回答パターン

入学後に学びたいこと

重要度 ★★★★★

質問例

「本学で学びたいことについて話してください」

ダメな回答はこれだ

★大学を資格試験予備校だと勘違いしている

ダメ回答 ①

教員免許が取得できるよう、必要な科目を勉強したいと思っています。

ダメ出しポイント

この回答は、試験官から「この受験生は、本学に、資格・免許の取得、試験対策のためだけに進学したいのか」とマイナスの印象でとらえられ、大きく減点される可能性があります。大学は、あくまで学問を究めるための場です。資格試験予備校ではありません。もしここからリカバリーできる余地があるとするならば、この回答に続いて、教員としての「問題意識」と「将来像」、およびそれらを実現するための「研究計画」が説明できなければなりません。

★学びたい対象が絞り込めていない

ダメ回答 ②

日本の中世史を学びたいと考えています。

ダメ出しポイント

歴史学科の面接において単に「日本史です」「歴史学です」などと答える

よりはいくらかマシですが、不十分です。学びたい対象を絞り込んで示せなければなりません。日本史における「中世」というテーマには、武士政権のなり立ち、農村、対外貿易、衣食住などの生活文化、宗教文化、芸術文化、経済、法制、ヨーロッパ中世との比較など、興味深いトピックがたくさんあります。また、その関心に応える志望校の講座名や注目の教員名などの情報も挙げましょう。

★「他学部履修」が主要関心事になっている

ダメ回答 ③

　文学部文学科に在籍しつつ、法学部政治学科に設置されている文化政策論の授業や、経済学部に設置されている都市経済論の授業などを、他学部履修によって受講したいと考えています。

ダメ出しポイント

　たいていの大学が導入している他学部履修のしくみを利用すること自体には問題はありません。面接の回答としてその点に触れるのもOKです。しかし、その場合には、まず在籍学部・学科におけるメインの「研究計画」を説明し、その補足として他学部履修に触れるというバランスが必要です。つまり、たとえば、「文学部哲学科で古代ギリシャの哲学者であるアリストテレスについて学びたい」⇒「関連科目として、法学部政治学科に設置されている政治思想史の授業や、経済学部に設置されている経済思想史の授業も受講したい」という流れであれば問題ありません。アリストテレスは、政治思想についても経済思想についても書いていますからね。

　他校との単位互換制度についても同様です。これを強調しすぎると、試験官から「じゃあ、最初からそちらの大学に行きなさいよ」と思われてしまいます。あくまでも、志望校が「主」、他校は「従」です。

　また、同様の理由から、多くの大学に設置されている留学プログラムを受講したいとまっ先に強調することもおススメできません。

★志望校の特徴を的確にとらえられている

合格回答 ①

「21世紀COEプログラム」として文部科学省に採用された貴学の「心の解明に向けた総合的方法論構築」というプログラムに強い関心があります。これは哲学・倫理学・心理学・認知科学・言語学などの方法論を融合する試みであり、このプログラムのリーダーである●●教授のゼミに入り、哲学や倫理学を専攻したいと考えています。

評価できるポイント

パンフレットや公式サイトをよく調べていますね。「21世紀COEプログラム」は、文部科学省が創造的・個性的な研究プロジェクトを認定・支援するという取り組みで、2002年度から始まりました。大学の競争力・研究力を高めるという目的があります。「COE」は、Center of Excellence の略です。同様に、文部科学省が認定して予算面で支援する取り組みには、「質の高い大学教育推進プログラム（教育GP）」というものもあります。みなさんも、自分の志望校に文部科学省で採択された研究プランがあるかどうかを調べてみてください。

★研究方法に注目できている

合格回答 ②

日本古代史や考古学の研究にデータサイエンスの方法を活用したいと考えています。実験考古学や理学部との共同による炭素年代測定とガスクロマトグラフィーを●●教授から、さらには、発掘史料のデータベース化と解析方法を▲▲教授から学びたいと考えています。

評価できるポイント

日本史学の研究では、言語や古文書のリテラシー（解読）などにデータ

サイエンスが活用されています。また、言語学・比較言語学・文学研究にも活用の兆しがあります。このように、自分が専攻したい学問分野に関する新しい試みにも目配りし、知識を蓄えていきましょう。

★関心の対象が明確に絞れている

合格回答 ③

メディア文化学志望です。江戸時代の瓦版から明治時代以降の新聞などのメディアの登場とそれぞれの特徴の比較を、メインテーマとして勉強したいと考えています。 そのため、●●教授の日本メディア史や、▲▲教授の比較メディア論の授業に注目しています。また、■■教授の著書も読みました。

評価できるポイント

- ❶：志望分野のなかから関心の焦点が具体的に絞られていて、グッド。
- ❷：みずからの関心と結びつく大学教員と講義の情報が挙げられていて、グッド。また、読書アピールもグッド。

★関心の「中心」と「周縁」がバランスよく説明されている

合格回答 ④

私は西洋美術史に関心があり、とくに近代日本における西洋美術の受容法を調べるために美術館の歴史を学びたく、●●教授のゼミ「美術史演習」に参加したいと考えています。また、ラテン語の習得、および美術館学が履修可能な貴学提携校への留学もめざします。

評価できるポイント

メインテーマ（＝中心）をしっかり据えたうえで同心円的に関連学問分野（＝周縁）まで説明するというバランス感覚が申し分ありません。

テーマ 10　推薦・総合型を受けた理由

重要度 ★★★★☆

質問例

「この試験（推薦・総合型）を受けた理由について話してください」

⬇

ダメな回答はこれだ 💧

★理由が消極的①：一般選抜の回避

ダメ回答 ①

一般選抜の学力試験で合格できる自信がないので。

ダメ出しポイント 💧

　問われているのは、「一般選抜を受けなかった理由」ではありません。た
とえば、「学力試験の点数では測れない学問への関心や調査研究の実績をア
ピールしたいから」「『将来像』を評価してもらいたいから」など、いまま
さに受けている「この試験」を選んだ積極的な理由を挙げましょう。

★理由が消極的②：安全校の選択

ダメ回答 ②

　一般選抜で第1志望校を安心して受験するための安全校確保という目的か
ら受けました。

ダメ出しポイント 💧

　たしかに、推薦・総合型でも「併願可」の大学はたくさんあります。この
回答にあるような「安全校確保」という作戦は、トータルな受験プランとし
て十分にアリです。第1志望校の本命学部が推薦・総合型を実施していない

場合がありますし、また出願によって気持ちが高まり、受験モードに切り替わるという効果もあります。とは言うものの、この回答は「この試験に本気で取り組むつもりはない」と宣言しているに等しく、大学側に失礼です。面接は、本音を話す場ではありません。

合格回答はこれだ ❀

★小論文という試験科目の特徴がとらえられている

合格回答 ①

①1つの模範解答が存在しない社会問題や学問という領域について自分の意見を提示する②小論文の作成能力が試せるからです。この能力は、大学入学後も重要だと考えます。

評価できるポイント ❀

- ●①：小論文という試験科目の特徴が正確にとらえられています。
- ●②：小論文を回避する受験生が多いなか、自分の能力を試し、また、大学での学びに結びつけたいという積極的な理由がアピールできています。推薦・総合型で小論文を課す一方、一般選抜では課さないという大学はたくさんありますから、この回答には説得力があります。また、「もともと一般選抜で小論文を課す貴学部が第1志望でしたので、推薦・総合型でも同様に小論文を審査していただけることはチャンスだと考えました」という答え方もありえます。

★試験に対する自分の適性がアピールできている

合格回答 ②

①志望理由と、大学での研究計画を評価していただける機会だからです。②私は、西洋の近代美術史に関心があり、そのテーマの本をたくさん読んできました。貴学における研究計画も卒業後の進路もはっきりと決まっているので、この試験こそそれらをアピールする格好の場だと考えました。

評価できるポイント✿✿

- ●❶：推薦・総合型で課される志望理由書、面接、小論文などは、学力試験と同様に得点化されます。しかし、推薦・総合型は、学力試験のように「ダメな人を落とす」ためではなく、「よさそうな人を合格させる」ための試験です。試験官に熱い気持ちをアピールすることができれば、高得点がつきます。
- ●❷：「この試験」への適性、入念な準備が強調できていて、グッド。

★知的好奇心がアピールできている

合格回答 ③

　事前提出するレポートのテーマと課題図書が、国際社会の貧困格差という私の関心分野にかかわるもので、興味深かったからです。❶　また、模擬授業を受けてレポートを書くという課題も大学での授業と関連していて知的好奇心が刺激されたため、受験したいと考えました。❷

評価できるポイント✿✿

- ●❶：試験会場で小論文を書くというスタイルとは別に、こうしてあらかじめ指定されたテーマと課題図書にもとづいてレポートを提出するという試験もあります。試験の内容は入学試験要項で大学側から発表されており、「これならチャレンジできる」と思えるテーマかどうかが事前に確認できます。

　大学側は、「素」のあなたではなく、レポート作成のために参考資料を集めたり意見を聴いたりして「成長できる」あなたを合格させたいと考えています。レポート作成の過程で指導者からなるべく詳細にアドバイスを受け、自信をもって大学側に提出できるレポートに仕上げましょう。

- ●❷：試験と大学入学後の授業との連続性が指摘できており、グッド。大学での授業の多くは、受講とレポート作成がワンセットになっています。そのため、授業で聴いたこと・読んだものをまとめる能力が試されます。受験準備を通じて、この能力を高めていきましょう。

★大学の特徴と学問への関心とのマッチングがよい

合格回答 ④

　私は高校3年間、学び、部活動、委員会活動など多様な活動に全力を注ぎ①ました。その実績が高校側から認められ、応募していた貴学への指定校推薦対象者として選ばれました。②貴学文学部に応募したのは、私が関心を寄せている言語学のコースがあるからです。

評価できるポイント

- ●❶：指定校推薦の面接であれば、こういう回答もアリです。
- ●❷：指定校推薦では、高校での実績以外に、大学の特徴と学問への関心とのマッチングも重要です。

★実績が評価される点を志望理由として挙げている

合格回答 ⑤

　高3の秋まで陸上競技の選手として全国大会に出場してきた実績を貴学で①評価していただけるからです。②入学後は貴学の陸上競技部に所属し、実績を上げることによって貢献します。また、教育心理学とコーチング理論を学び、競技に生かしたいと考えています。

評価できるポイント

- ●❶：スポーツ推薦の面接であれば、こういう回答もアリです。
　　　　また、スポーツ推薦以外でも、部活と学業を両立させたエピソードとして、アピール可能です。
- ●❷：大学運動部への貢献姿勢とともに学びについても触れられています。

テーマ 11 オープンキャンパス

重要度 ★★★★☆

質問例

「オープンキャンパスに参加した感想を話してください」

日程の都合や地理的条件、体調不良などが原因でオープンキャンパスに参加できなくなる場合があります。また、オープンキャンパスは夏期休暇中の開催が多いため、志望校決定や出願時期が遅れると参加できなくなる場合もあります。

もしそのような事情からオープンキャンパスに参加していなければ、試験官に対して正直にそう言いましょう。推薦・総合型の審査は総合的に行われるため、不参加という理由で不合格になることはありません。

一方、そうした事情がなければ、オープンキャンパスには積極的に参加しましょう。受験情報がたくさん得られますし、モチベーションも上がります。なお、秋の開催が多い学園祭に行くという選択もあります。

また、下見を兼ね、試験の前にキャンパスを訪問することもおススメです。足を運んだ経験があれば、上記の質問に対して訪問時の感想を述べることができます。また、オープンキャンパスや学園祭のようなイベントが開催されていない志望校の日常を見ることにも価値があります。

新型コロナウイルス感染症拡大によりオープンキャンパス・学園祭の中止・制限が相次いだことを受け、近年はオンラインによるオープンキャンパスも盛んに開催されています。オンライン版オープンキャンパスには、リアルタイムで視聴できなかった場合でも、動画がアーカイブ（記録）として残るため開催終了後でも視聴できるというメリットがあります。

オープンキャンパスに関する最大の情報源は志望校の公式サイトですが、たとえば「スタディサプリ進路」などの外部サイトでも開催日程などが確

認できます。活用してみてください。

ダメな回答はこれだ

★大学生は「生徒」ではない！

ダメ回答 ①

> 案内役の生徒が親切だったことが印象的でした。そこで、この大学を志望しようと思いました。

ダメ出しポイント

第1章／第1節／テーマ02でも指摘したとおり、大学生の呼称は「生徒」ではなく、主体的・積極的に学ぶ人びとである「学生」です。

また、学生が「親切だった」ことを志望理由として挙げている点は安易すぎます。オープンキャンパスで受験生を迎え入れる学生がフレンドリーでホスピタリティに満ちているのは当たり前だからです。

この質問には、オープンキャンパスで見聞きした内容を、自分の学問への関心と結びつけて答えるべきです。

★一般的な感想しか答えていない

ダメ回答 ②

> 研究施設や図書館が立派だったことが印象的でした。

ダメ出しポイント

高校の理科室や図書室に比べて大学の施設が立派なのは当然です。施設について述べる場合は、自分ならどのように活用したいかという点まで話すべきです。

ただし、「大学らしいアカデミックな●●講堂を見ることができて、勉強のモチベーションが上がりました」と言うのはよいと思います。講堂をはじめ、時計台、図書館などは大学の象徴とでも言うべき建造物であり、独

特のオーラを放っています。大学のキャンパスがかもし出す雰囲気は、オフィスビル、マンション、ホテルのそれとはまったく異なります。じつは私自身も、大学のキャンパスからにじみ出る圧倒的な存在感に憧れて上京しました（そして、大学が好きすぎて、大学院を含め11年も在籍しました）。

合格回答はこれだ

★学問への関心に触れる内容が話せている①：教員による講義

合格回答 ①

　オンライン版オープンキャンパスに参加し、360°のバーチャル・リアリティ映像で学内を疑似体験できました。志望する文学部の●●教授による講義によって文学の現代的意義がわかり、志望理由がより明確になりました。また、チャットによる質疑応答の時間もあり、私も▲▲について質問しました。質疑応答のやり取りからほかの受験生がもつ考えも知ることができ、意義深い体験でした。

評価できるポイント

- ❶：このように、オープンキャンパスでは大学教員による模擬授業などが行われます。この回答は、その授業から何がわかったかを話すことができていて、グッド。
- ❷：こうした知的な積極姿勢は、高評価の対象となります。

★学問への関心に触れる内容が話せている②：研究室による発表

合格回答 ②

　文学部歴史学科の各研究室に所属する学生の発表を見ることができ、歴史学のイメージがつかめて参考になりました。とくに、外国語文献や古文書を読む技術などが、高校までに習得したスキルとは全然違うことがわかり有意義でした。

評価できるポイント 🍀

- ❶：このように、オープンキャンパスには、志望学部・学科の先輩にあたる学生の活躍を間近で見ることができるというメリットがあります。パンフレットや公式サイトだけでは伝わりにくいリアルを体感することができるのです。
- ❷：感想が学問への関心と結びついており、内容も詳細でグッド。

★大学での学びにつながる内容が話せている

> 合格回答 ③
>
> ❶まず、有名予備校講師による受験対策講義、とくに小論文対策と共通テスト対策に関する内容が役立ちました。❷また、貴学文学部の案内動画を見て、授業カリキュラムの概要を把握することができました。❸とりわけ、心理学実験やフィールドワークの内容がわかり、とても参考になりました。❹さらに、ブース内での個別質問コーナーでは、留学にあたって貴学からどのような支援が得られるのかについて、実際に職員の方から伺えました。

評価できるポイント 🍀

- ❶：このように、オープンキャンパスでは予備校講師による講義が頻繁に行われています。私自身も、このような仕事をたくさん受けています。
- ❷：大学での学びにつながる内容が話せていて、グッド。
- ❸：パンフレットや公式サイトだけでは伝わりにくい内容に着目できている点がグッド。
- ❹：留学支援については、実施規模も支援体制も大学によって大きく異なります。この点も、パンフレットや公式サイトだけではピンとこないはずです。このように、オープンキャンパスには、大学職員から直接話を聞くことができるというメリットがあります。

第5節 一般的な質問と回答パターン

テーマ 12 本・映像作品

重要度 ★★★★★

質問例

「最近読んだ本や以前読んだ本のうち、とくに印象に残ったものを挙げて、その感想を話してください。本ではなく、映像作品でもかまいません」

★準備不足が露呈している

ダメ回答 ①

　日本近代文学史の概説書を読みましたが、書名と著者名を忘れてしまいました。

ダメ出しポイント

　「読んでいません」とか「印象的な本はありません」などと答えるよりはマシですが、この回答では高評価にはつながりません。この本でも随所で強調しているとおり、自分が関心を寄せる分野の本を読むことによって志望理由を強化することはとても重要です。とりわけ、人文・教育系志望であれば、読んだ本に関する質問は必ずくるという前提で準備すべきです。

　もし書名と著者名を挙げられない場合、試験官から「読んだ本は印象に残らなかったのだな」「興味をもって読んでいるわけではないな」「その作品から得られたことはとくになかったのだな」と見なされてしまいます。

★どこがおもしろかったのかを説明していない

ダメ回答 ②

　上野千鶴子氏の共著『上野先生、フェミニズムについてゼロから教えてください！』を読んで、おもしろいと思いました。

ダメ出しポイント◌◌

　面接は、志望理由についてだけでなく、自分の関心分野についてもどれだけ的確で豊富な語彙で話せるかが勝負の試験です。本を読むことが学問の重要な役割を占める人文・教育系の面接では、単に「おもしろかった」という感想だけでは不十分で、学問への関心に照らし、どこがどのように興味深かったのかという点まで話せる必要があります。せっかく日本を代表する社会学者でありフェミニズム論をリードしてきた上野千鶴子氏の本を手にとったのですから、最低でも、感銘を受けたキーワード・キーフレーズが挙げられなければなりません。

合格回答はこれだ

★学問への関心＋本の内容＋本から得られた視点が説明できている

合格回答 ①

　①情報・メディアへの関心にもとづいて、最近、藤本浩司氏と柴原一友氏の共著である『AIにできること、できないこと』という本を読みました。②この本からは、AIが全領域で私たちを凌駕し私たちの生活を危機に陥れるという未来予想が行きすぎである点、AIには原理的にできないことがいくつかある点を理解しました。③同時に、いくつかのメディアによる報道が公正ではなく扇情的である点にも気づかされました。本を読み、そこから得た知識のバックアップにもとづいて、報道の信憑性について冷静に考えられるようになりました。

評価できるポイント🍀

- ●❶：学問への関心と本に関する情報の両方が示せていて、グッド。
- ●❷：本のなかに書かれている重要な内容が指摘できていて、グッド。
- ●❸：本を読んだことによって得られた視点が指摘できていて、グッド。

★本と映像作品を結びつけて説明している

【合格回答 ②】

❶国際文化交流への関心から手にとった鳥飼玖美子氏の著書『異文化コミュニケーション学』を挙げます。❷この本を読み、2つの文化比較では不十分であるため第3の比較軸を入れるべきだという「文化の三角測量」という考え方に感銘を受けました。また、❸この本からは、『愛の不時着』などの海外ドラマや映画が異文化衝突と異文化理解のサンプルだとわかり、韓国ドラマを見る新しい視点が得られました。

評価できるポイント🍀

- ●❶：学問への関心と本に関する情報の両方が示せていて、グッド。
- ●❷：本のなかに書かれているキーワードが指摘できていて、グッド。
- ●❸：本を読んだことによって得られた視点が指摘できていて、グッド。また、本と映像作品との結びつきに関する説明もグッド。

★学問の視点によるとらえ直しができている

【合格回答 ③】

❶心理学への関心から手にとった、有名な精神分析学者である小此木啓吾氏の著書『映画でみる精神分析』を挙げます。❷エディプス・コンプレックスなどの心理学用語が実際の映画のストーリーとセットで紹介されていて、印象に残りました。❸実際に、本で紹介された『羊たちの沈黙』『第三の男』などを見ました。この本から、登場人物や監督の心理を分析することができるとわかり、映画の見方が変わりました。

評価できるポイント 🌸

● ❶・❷・❸のポイントは、合格回答②と同じです。ここで強調しておきたいのは、映画やドラマなどの映像作品は、学問の視点からとらえ直すこと・新たに解釈することが可能である、という点です。実際にその体験をもっている人、とくに映画制作や演劇に関心がある人にとっては、今回の質問はアピールの大チャンスです。

　ここでは例として異文化理解と心理学・精神分析学の視点を挙げましたが、ほかにも、たとえば国際政治学の視点から藤原帰一氏が『これは映画だ！』（朝日新聞出版）を、哲学の視点から内田樹氏が『ハリウッド映画で学べる現代思想　映画の構造分析』（文春文庫）を書いています。また、映画監督自身による著作としては、『押井守監督が語る映画で学ぶ現代史』（野田真外との共著／日経BP）があります。

★本のポイントが説明できている

合格回答 ④

　❶文学部で学び、本にかかわる仕事に就きたいという思いから、『書斎の王様』という本を読みました。この本では、多くの作家・記者・学者が読んできた本と、本の読み方が紹介されています。 ❷この本ではとくに、立花隆氏が自分の書斎を「わが要塞」と表現している点と、資料として膨大な本を活用している姿勢に感銘を受けました。

評価できるポイント 🌸

● ❶：学問への関心と取り上げている本がうまく結びついていて、グッド。

● ❷：自分が感銘を受けた点にフォーカスできていて、グッド。

こんな質問もある

◆他人に薦めたい本、または映像作品はありますか。もしあれば、説明してください。

第5節 一般的な質問と回答パターン

テーマ 13 気になる最近のニュース

重要度 ★★★★★

質問例

「最近のニュースで気になるものを挙げてください」

ダメな回答はこれだ

★アンテナの感度が悪いぞ！

ダメ回答 ①

気になるニュースはありません。

ダメ出しポイント

　メディアの伝え方・取り上げ方に問題があり興味をひかなかったという可能性はあるものの、それを差し引いても「気になるニュース」がないという回答はあまりにお粗末すぎます。こう答えてしまうと、試験官から「世の中・世界で起きていることへの感度が著しく低い」と判定されてしまいます。ニュースは、事件や事故、あるいは政治や経済にかかわるものだけではありません。学問・文化・教育にかかわるトピックもたくさんあります。

　そもそも、今回のような質問は大学受験の面接では十分にありうるという前提で準備すべきでした。さらに、単に試験のためだけでなく、社会の動向に知的な関心をもち続けることはとても重要です。時流に乗るとか世の中に合わせるという目的ではなく、最低限の知的習慣を身につけるという目的でニュースに触れる必要があるのです。

★用語の定義を誤認している

> **ダメ回答 ②**
>
> 高齢化で老年人口が増えて医療費が増大し、国家予算が逼迫（ひっぱく）していることです。

ダメ出しポイント◌◌

ニュースや社会への関心を示せていながら、認識が間違っていたりコメントが一方的であったりすることから低評価がついてしまう場合があります。「高齢化」とは、人口に占める高齢者の割合の増加のことです。言い換えれば「老年人口比が高まる」ことであり、「老年人口が増えること」ではありません。これはよく誤解されている点なので、注意しましょう。たしかに、医療費（とくに高齢者医療費）、年金、介護などにかかる社会保障関係費が増加傾向にあり、国家予算に占める割合も上昇していることは事実です。40年以上も前から指摘されていながら高齢化に関する制度改善が遅れているという問題もあります。自分自身も高齢者になるという未来を視野に入れ、高齢者を悪者扱いするような言動は慎みましょう。

国家予算に関連する大きな問題としては、1990年ごろからじつに30年以上にわたって「所得税＋消費税＋法人税」からなる税収の合計が50兆円程度にとどまり続けており（2022年では約70兆円）、約100兆円の国家予算を編成するために国の借金である国債が乱発され続けている点が挙げられます。面接ネタとしておさえておきましょう。

★事実にもとづかず、イメージだけで話している

> **ダメ回答 ③**
>
> 未成年者による凶悪犯罪の増加です。

ダメ出しポイント◌◌

未成年者による凶悪犯罪については、「凶悪化」「増加傾向」のイメージがありますが、未成年者による近年の凶悪犯罪の検挙者数は年間約1,000人

で推移しており、1960年代の7分の1です。成年者による刑法犯罪件数についても2015年から2021年まで7年連続で戦後最少を更新しています（2022年では微増していますが）。したがって、この回答は事実誤認です。事実に反する報道であるフェイクニュースにだまされてはなりません。

似た事例に、「児童 虐 待が増加している」という思い込みがあります。たしかに、刑事事件としての立件数は増加傾向にあります。また、児童相談所への相談件数は、1990年の約1,000件に対し、2020年は約20万件です。だからといって、「児童虐待が200倍になった」と早とちりしないでください。この現象は、2000年に児童虐待防止法が施行されたことによって社会や市民が児童虐待に敏感になったこと、児童相談所の存在が認知されるようになったことと深く関係しています。児童虐待が増えたのではなく、児童虐待が顕在化したため立件数が増えたのです。

★教育学関連のニュースがフォローできている

合格回答①

　教員の時間外労働や残業代に関する裁判です。❶ 授業と授業準備以外の労働時間が長く、正当な報酬も支払われていないという現状を、教育学部志望者として問題視しています。❷ この事態が続けば、教員の健康が悪化するだけでなく教育の質まで低下し、児童・生徒に悪影響が及びます。

評価できるポイント

- ●❶：実際にそのような裁判があり、一部で判決も出ています。
- ●❷：裁判に関するニュースを取り上げているだけでなく、教育現場における問題まで指摘できていて、グッド。学問への関心・職業への関心が重要な指摘につながっています。

★学術関連のニュースがフォローできている

合格回答 ②

今年のノーベル文学賞のニュースです。

評価できるポイント

ノーベル賞の各賞は毎年10月に発表されるので、日程的に近い推薦・総合型の面接で話すのはとてもタイムリーです。文学志望であれば、日本人が受賞するかどうかという次元を超えてこのニュースを気に留めておきましょう。ほかにも、考古学志望であれば遺跡の発掘、歴史学志望であれば新史料発見や新学説の提起、美学美術史志望であれば展覧会の話題などは要チェックです。また、著名作家・著名学者・著名文化人の生誕記念イベント・没後記念イベントなども見のがせません。これらは新聞の文化欄や土曜版・日曜版の書評欄（本の案内）に掲載されることが多いので、チェックする習慣を身につけましょう。

★政治的な話題に対する意見が明確に表明できている

合格回答 ③

❶中央省庁による統計の不正や公文書改ざんや隠ぺいの問題、および日本学術会議会員の任命問題です。❷後者の問題では、一部の会員に対する任命拒否の理由が政府から十分に説明されていない点に、学問を志す者として憤りを覚えます。

評価できるポイント

- ●❶：以前、国土交通省・財務省・厚生労働省による重要統計の書き換え・公文書の改ざんが発覚しました。先進国にあるまじき問題の指摘、グッドです。
- ●❷：私たちは、18歳で有権者となり、また、買い物時に消費税を支払う納税者でもあります。このように、日常生活と政治は密接にかかわっています。権力側である政府への関心は、どの学部を志望する場合でも重要です。

テーマ 14 日本語と英語公用語化

重要度 ★★★★☆

質問例
「あなたは、日本の公用語を英語にすることについて
賛成ですか、反対ですか。その理由も述べてください」

ダメな回答はこれだ

★単純化・断定・短絡

ダメ回答 ①

世界共通語が英語ですから、日本が孤立しないよう、公用語を英語にする
ことに賛成します。

ダメ出しポイント

「賛成とも反対とも言えません」と答えるよりはマシですが、議論の進め
方が乱暴です。試験官は、賛成であれ反対であれ、説得的な理由づけの方
法やシャープな着眼点を評価します。この回答は、賛否を表明してそれら
しい理由を提示している点は評価できますが、そこまでです。

まず、いつから英語は「世界共通語」に認定されたのでしょうか。この
回答は、「日本は単一民族国家だから」「日本は無宗教国家だから」「日本は
島国だから」という単純化・断定・短絡であり、大学における学びの姿勢
からはほど遠いものです。ここは、「実質的な世界共通語として機能してい
る英語」「グローバル言語として機能している英語」などと回答すべきで
す。

次に、「日本が孤立しないよう」という理由づけには根拠がありません。
これまで日本語を唯一の公用語とし英語を外国語として教育してきた日本
が国際社会から孤立しているわけではないからです。

回答としてありがちなのは、「グローバリゼーションに対応するため、賛成します」「国際化への対応のため、賛成します」などですが、これらの回答では、「グローバリゼーション・国際化」のために英語公用語化がなぜ必要なのかを指摘しない限り不十分であり、「一般的なイメージを、深い考えもなく発言しているな」と見なされます。むしろ「世界の文化的多様性を認め合う本来のグローバリゼーションに反し、世界の英語一元化を強めることになるため、反対です」と回答すれば、試験官が興味を示すはずです。

★感情レベルです

> ダメ回答 ②
>
> 日本語がなくなってしまうことには耐えられません。日本が日本でなくなってしまいます。だから、反対です。

ダメ出しポイント○○

まず、英語を公用語にしてしまうと日本語がなくなってしまうという見解は疑わしいと言わざるをえません。従来どおり日本語を公用語として認めつつ、そこに英語も公用語として加えるという方向もありえるからです。たとえば、カナダの公用語はフランス語と英語であり、「カナダ語」というものはありません。それでも、カナダの個性は残されています。スイスの公用語はイタリア語・フランス語・ドイツ語・ロマンシュ語であり、「スイス語」というものはありませんが、スイスは文化的アイデンティティを維持できています。もっとも、二重公用語を肯定する場合でも、日本語が国際的に有力な言語である英語に淘汰（とうた）されていく可能性が高いと推論する回答であればOKです。事実、中国語・マレー語・タミル語・英語を公用語としているシンガポールでは、英語一元化が急速に進んでいます（国策レベルでも推進中）。エリート層や社会的成功をめざす人ほど英語の使用に熱心だそうです。

また、「耐えられない」という箇所は、公用語問題を感情レベルでしかとらえていないことの表れであるため、NGです。さらには、「日本が日本で

なくなる」という表現も適切ではありません。たとえば、「英語公用語化に
対応できる人とそうでない人とで社会が分断されてしまう」という回答で
あれば評価できます。

★意外性はあるが、論理が飛躍している

ダメ回答 ③

　日本語はあいまいで非論理的と言われ、日本人の思考力や国際的交渉力の
弱さの原因であると考えられます。したがって、日本語の代わりに英語を公
用語化することに賛成します。

ダメ出しポイント◌◌

　これが討論の場で出た発言であれば、議論の展開につながる意外性があ
るため、悪くありません。しかし、論理が飛躍しているため単独の回答と
しては不適切です。

　まず、「日本語はあいまいで非論理的と言われ」とありますが、だれがそ
のように言っているのでしょうか。「言われ」という表現は、この内容があ
たかも社会の常識だという印象を与えますが、そのような認識は一般的で
はありません。意見を述べる際には根拠を挙げる必要があります。

　また、「日本人の思考力や国際的交渉力の弱さの原因」は言いすぎです。
この原因は、日本語の問題というよりもむしろ思考する人、国際的交渉に
あたる人の資質やスキルの問題に帰せられます。たとえTOEIC満点取得者
でも、話すべき内容と熱意がなければ現場では通用しないということはよ
く指摘されるところです。

　今回の回答に近い意見は、敗戦後によく見られました。作家の志賀直哉
は、漢字を覚えるのは学習として非効率だとして、日本語を廃しフランス
語を国語にすべきだとその時期に書いています。

　しかし、日本語で精緻な論文を書くこと・語ることは可能です。また、
現在は、学問上、日本語の論理性が正しく評価されています。イェール大
で学び米国で日本文学の講義を担当する水村美苗氏は、世界的にはマイ

ナーでありながら思想・学問・文学を縦横無尽に語れるという日本語の長所を評価しています。

合格回答はこれだ 🌸

★焦点の当て方が明解

合格回答 ①

> 少子化と人口減を踏まえ、移民受け入れ、留学生や大学の研究者の獲得という視点から、日本語との併用による英語公用語化に賛成します。

評価できるポイント🌸

「少子化と人口減」という着眼点を明示した回答であり、グッド。テーマに対する全面賛成・反対ではなく、「●●を踏まえれば」「▲▲の視点から」「■■に焦点を当てれば」など、議論の前提を示す表現は有効です。

実際問題として、日本政府は、人口維持のために移民の受け入れを視野に入れています。ちなみに、日本の難民受け入れ数はきわめて少なく、日本は先進国としての責任を果たしていないと国際的に非難されています。また、日本政府も大学も、留学生や、国際水準ですぐれた実績を上げている研究者の獲得を考えていますが、日本語の壁と、日常水準で英語が浸透していない点がネックになっているようです。

こんな質問もある

◆日本語の特徴をどう考えますか。

◆日本語をもっと世界に広げる方法は何ですか。

テーマ
15 リベラル・アーツ

重要度 ★★★★☆

「あなたは、現代において教養というものをどう評価しますか」

⬇

ダメな回答はこれだ

★教養が定義できていない

ダメ回答 ①

教養をひけらかすことにはいいイメージがありません。

ダメ出しポイント

　得意満面に教養を「ひけらかす」、そういう衒示的態度はスノビズムとも言いますから、「いいイメージがない」のはわかります。しかし「ひけらかす」ことではなく「教養」自体について語らないといけませんね。

　ついでに言えば、クイズ番組で次々解答するというレベルを教養とは呼べないでしょう。それらには一問一答式の「正解」が用意されている水準なのです。教養とは、むしろ正解があらかじめ用意されていない事柄について知識を動員できる力と言えます。これは私の定義ですが、みなさんそれぞれ教養とは何かを言い換えて提案をしてみましょう。

★教養の意義を全面否定している

ダメ回答 ②

古典的教養より新しい情報収集と分析の力のほうが重要だと考えます。

ダメ出しポイント⭕

　教養というと古ぼけた書物から得るイメージなのですね。それよりIT
ツールを駆使したもの、あるいはデータサイエンスのほうが有益ではない
かというわけでしょうか。こうした評価はありえます。また人文・教育系
だからといってAIや統計分析と絶縁する必要はなく、活用し新しい発見を
していくことは大事です。

　一方で、人文・教育系だからこそ情報科学に還元されない知性、あるい
は情報分析のベースになる知性も重要ではないでしょうか。

　インフォメーションとしての情報それ自体は、雑多で価値から離れた
データですが、それを評価したり意味づけしたり批評や批判をするために
は教養が必要です。そのような吟味された情報、つまりインテリジェンス
にしていく知性が重要です。

　文芸批評家として知られ、日本の教育行政にも影響力をもっていた山崎
正和氏は、「情報」はつねにアップデートされ最新の現実のある断片を見せ
てくれるが、それ自体はまとまっておらず、そこでそれを体系化するもの
が「知識」であり、大学が担当するものと語っています（『歴史の真実と政
治の正義』／中央公論新社。慶應義塾大経済学部の小論文で出題）。この
「知識」はここでの「教養」に近いものです。

　一方、経済学者である橘木俊詔氏は、大学の文系が教養教育を重視しす
ぎてきたことを批判しています。したがって理系学部の定員を増やすべき
で、また文系でも就職後実用レベルで役立つ「職業教育」を重視すべきだ
と指摘しています。そういうビジネススキルがあれば男女の性別格差を解
消し、能力評価に移行できるとの考えです（『日本の教育格差』／岩波新
書。慶應義塾大経済学部の小論文で出題）。

　人文・教育系をめざすみなさんはどう考えますか。私は、「教養教育を重
視しすぎ」ではなく、文系的な教養がじつは役立つという教育を軽視して
きたことのほうが問題だと考えます。この点では、メディア社会学者であ
る吉見俊哉氏が『「文系学部廃止」の衝撃』（集英社新書。慶應義塾大文学
部の小論文で出題）で示した考えに近いものです。

吉見氏によれば、テクノロジーに代表されるような、国家や産業に「すぐ役立つ」ものを「目的遂行型有用性」と呼び、文系の長期スパンでの役立ち方を「価値創造型有用性」と呼んでいます。

合格回答はこれだ

★現代の複雑な問題に対応する学際的知性がアピールできている

合格回答①

　環境問題や気候変動や感染症や安全保障の問題など、日本も世界もかつてない不透明な状況です。またそうした問題解決は単一の学問視点ではできないため、異なる専門との協働が必要です。複数の学問をつなぐ、ベースとなる広範な教養が重要だと私は考えます。

評価できるポイント

　現代の国際社会状況、複雑な問題を踏まえた回答の仕方で、グッド。「世界競争力ランキング」上位の常連である米国の大学はどうなっているかというと教養教育重視です。学部は文学専攻・宗教学専攻・数学専攻などジャンル分けはありますが、基本的に「教養学部」という位置づけです。つまり本当の専門課程は大学院からという体制になっているのです。

　英国のタイムズ紙が毎年発表する「世界大学ランキング」で国内では1位である東京大は、日本のなかでは最も教養教育重視の大学です。

★現代の変化に対応する教養がアピールできている

合格回答②

　働き方の変化、価値観の変化、ジェンダーに関する考え方の変化など、いまは時代の転換点とも言えます。すぐ役立つ安直な考え方は「すぐ使えなくなる」かもしれません。むしろすぐには役立ちそうにない広範な人文系の教養が長期的に役立つものとして再評価されると私は考えます。

評価できるポイント🍀

　日本社会もいろいろな面で転換点を迎えています。従来タイプの年功序列や終身雇用や就職活動の見直し、男女性別役割分業の見直し、エネルギー政策の見直し、人口増を前提とする経済や社会保障制度の見直しなど枚挙にいとまがありません。

　大学受験のあり方の変革も忘れてはいけません。志望理由書・面接・小論文で評価しようとしている人材は、従来型の科目秀才氏ではなく、学問への関心と社会への広範な関心をもち、大学入学後も自分を高め、社会や学問に貢献できる人材です。これは教養と呼ばれるものとも深い関係をもちます。

こんな質問もある

◆大学生に必要な最低限の教養とは何でしょうか。

前提知識はこれだ🍀

◆吟味されていない情報＝「インフォメーション（information）」
◆吟味された情報＝「インテリジェンス（intelligence）」
　　語源は「行間を読む」を意味するラテン語 *interlegere*。
　　政府の政策決定にかかわる情報収集と分析に携わる英国の秘密情報部（SIS）や米国の中央情報局（CIA）の「I」は intelligence の「i」。
◆intelligence には、「理性（reason）」に対する「知性」という意味もある。「理性」は「既存のこと・目の前に提示されたものを理解する能力」を意味し、英語の understanding に対応する。一方、「知性」は「理性を踏まえたうえで未知なものに対応する力・推論する力」を意味し、英語の deduction に対応する。

第6節　専門的な質問と回答パターン

ネット・スマホ・SNS・AI

重要度 ★★★★★

質問例

「ネットの功罪について、あなたの意見を述べてください」

⬇

ダメな回答はこれだ

★一般論に終始している

ダメ回答 ①

　すべてのテクノロジーにプラス面とマイナス面があるように、ネットも同様で使う人次第だと思います。

ダメ出しポイント

　科学技術に関する一般論を語ってほしいのではありません。これから大学で学問する人にとってネットにはどのようなプラスがあり、どのようなマイナスがあるかを挙げてほしいのです。

★功罪の一面しか指摘していない

ダメ回答 ②

　中高生のスマホ依存症が問題になっています。SNSによるいわば「つながりすぎ」がストレスを生み、さらに新しいいじめにもなっていてマイナスが多いと思います。

ダメ出しポイント

　マイナス面の指摘としては悪くないのですが、「功罪」のうち「罪」しか指摘できておらず、不十分です。

学校教育関連でネットやスマホが話題にのぼる際に、1日あたりの利用時間が長いことが問題視されることがよくありますが、使い方の質にも注目すべきでしょう。また未成年者に対してはフィルタリングなどの抑制面にばかり注目が行きがちですが、クリエイティブな使い方を積極的に教えるようなメディア・リテラシー、デジタル・リテラシーも必要でしょう。

合格回答はこれだ

★これから学問を志す者にとっての功罪が述べられている

合格回答①

> ネット検索で調べ物が効率化できるのはプラスですが、それでわかった気になるのはマイナスです。もっと多角的な裏づけを参照し、自分でも考えることが重要ではないでしょうか。無記名・無典拠でも意見らしきものを発信できるのがネットの特徴ですから。

評価できるポイント

ネット上の言説や情報の特徴を踏まえて、学問を志す者にとっての功罪を語ることができています。ネットやSNSが従来のメディアと違うのは、学者や作家やジャーナリストだけでなく市民も年齢を問わず発信者になれることです。また、従来メディアであれば出す前に学会や編集者やデスク（記者のチーフ）によるチェックが入りますが、ネットメディアではそれがありません。情報発信のある種の「民主化」「脱権威化」ですが、俗悪化・無責任化でもあります。

「表現の自由」というものがありますが、ヘイトスピーチも含め「表現」の名に値しない、言葉による犯罪水準のものもあります。

なお、ネット版の百科事典といえば無料・無署名の「ウィキペディア」が有名ですが、有料で運営されている「ジャパンナレッジ」というメディアもあります。

★外国語のスキルがアピールできている

合格回答 ②

　　自分の学問への関心分野で外国語文献を検索・参照できることはプラスです。しかし、外国語スキルがあってこそのプラスですので、それができるようになりたいという意欲ももっています。一方、日本語だけでも多数の情報にアクセスできるため、それで安住しがちなのがマイナスです。あらためて日本語文献だけでは世界が小さいことを気づかせてくれることはプラスです。

評価できるポイント

　こちらも「合格回答①」とは異なるネットの特徴をとらえています。英語ができるかどうかという、ある種のデジタル・デバイド（情報利用格差）があります。まるっきりITスキルのない高齢者とデジタルネイティブな若年層との格差に焦点を当てがちですが、こういうレベルの格差も存在するのです。

　みずからの学習意欲にも言及していて、グッド。

★知性的か反知性的かという対立軸に触れられている

合格回答 ③

　　本来地球の裏側ともつながるものであり、クリエイティブに互いを高め合えるプラスの可能性をもっています。一方で、批評ではなく誹謗中傷で人間関係や社会を分断するマイナスの現実があります。しかも自説に都合のよい情報をいくらでも集められます。それによって異なる意見にはますます耳を傾けなくなる、そういう陰謀論や反知性主義を助長する点でマイナスです。

　　佐藤佳弘氏が書いた『インターネットと人権侵害』という本に出てきた、「人びとの日常の歯車を簡単に狂わせられる凶器」という表現が忘れられません。

評価できるポイント

「合格回答①」「合格回答②」とは異なる視点からネットの特徴をよくとら

えた指摘になっています。せっかく創発的につながりあえるコンピュータネットワークであるのに、情報収集が極度に偏ってしまったり、そのことにさえ気づけなくなったりするという特徴がネットにはあります。これだけのことが語れるということは、受験のために現代文・小論文を通じて有意義な文章を読んだり、みずから書いて添削を受けたりしているからでしょう。また、質問と関連した本を挙げていて非常に高い水準の回答になっています。

　今回の内容もある種のデジタル・デバイドの指摘です。真に知的に創造的に使っているか否かの格差です。自分ではネットのヘビーユーザーを自認していても、匿名（とくめい）やアカウント乗り換えを隠れ蓑（みの）に他者に危害を加えることを繰り返しているだけということがあります。

こんな質問もある

◆ゲーム中毒やスマホ中毒の中高生を救うためにあなたができることは何ですか。

◆Twitter などの SNS 使用における言語文化面のプラスとマイナスを説明してください。

前提知識はこれだ

メディア・リテラシー：テレビや雑誌・新聞など日常的にさらされる情報への対応などに関する知識やスキル。とりわけ、ネットを利用する際の知識やスキルをさす場合が多い。英国では、初等教育の国語の時間にメディア・リテラシー教育が実施されている。

　「リテラシー」には「識字（文字の読み書き能力）」のほかに「基礎教養」という意味もある。

　今後は、ChatGPT のような生成 AI の功罪を考えていくこともメディア・リテラシーの 1 つになると考えられる。

第6節　専門的な質問と回答パターン

テーマ 17　日本文化

重要度 ★★★★☆

> 質問例
>
> 「日本文化について外国人にどのように説明しますか」

⬇

ダメな回答はこれだ 💧

★古典的定型化にとどまっている

ダメ回答 ①

「八百万神（やおよろずのかみ）」や「わび」「さび」を特徴とする文化です。

ダメ出しポイント 💧

　古典的定型化にとどまる、よくありがちな日本文化紹介のパターンです。もっとも、この3つは人文・教育系の教養として知っておく必要がある単語ですので、この際おさえておきましょう。「八百万神」は「あらゆる事物に神や魂が宿っている」というアニミズムの日本的表現、「わび」は閑（しず）かさ、つつましさに価値を見いだす感覚、「さび」は古さ、無装飾・不完全さに価値を見いだす感覚です。

★サブカルチャーを日本文化の代表例と考えている

ダメ回答 ②

　ジャパンアニメ・漫画・アキバ・オタク・メイド喫茶などのサブカルチャーが日本文化の代表例です。

ダメ出しポイント 💧

「現代日本の若年層文化を代表するものは？」という質問であれば、この

回答でもかまいません。しかし、このようなサブカルチャーを「日本文化の代表例」と説明してしまうのはあまりにも乱暴です。たしかに、サブカルチャーは、日本文化を構成する1つの要素ではありますが、日本文化そのものではありません。人文系における学問の対象は、サブカルチャーよりもむしろ、文学、美術、演劇、古典芸能などのメインカルチャーです。

合格回答はこれだ

★日本文化の特徴を包括的にとらえられている

合格回答 ①

　私は、表象文化に興味をもっています。その関心にもとづいて調べたところ、日本では、物語構想力をもつ人材が漫画・アニメのつくり手として活躍する傾向があるとわかりました。そのため、世界的にも評価の高い漫画・アニメがたくさん生み出されています。アニメ自体は日本発祥ではありませんが、日本は、寛容に受け入れた外来文化を発展させ、外に発信することが得意です。

評価できるポイント

「表象文化」という自分の関心分野への意欲にもとづいて入念に準備してきたことがアピールできています。また、漫画・アニメなどにとどまらない日本文化の大きな特徴が指摘されている点もグッド。

　日本文化が「モノマネ文化」だと揶揄されることがあります。国際特許の分野における特許取得件数について、日本は、工業製品や知的財産に関する発明特許よりも改良特許のほうが多いという事実があります。しかし、この点は日本がもつ個性の1つであり、卑屈になる必要はないと、私は思います。世界の文化は、相互影響と相互模倣、あるいは混合によって成立しているからです。

★日本語を日本文化の要素としてとらえている

合格回答 ②

　私は文学や言語に関心があるため、日本文化の例として日本語の特徴を挙げたいと思います。日本の公用語は日本語ですが、じつは独自の言語として認められているものにアイヌ語や琉球諸語などもあります。以下、日本語の変化に着目します。

　日本は、中国から漢字を輸入する以前は非文字文化でしたが、漢字の伝来以後、漢字から仮名文字を生み出しました。ここから、日本語の書き言葉として、和文と漢文の混交文、つまり、仮名交じり文が定着していきました。このような、表音文字である仮名と、表意文字である漢字との混交文は、日本語の大きな特徴です。近代以降は欧米文化を受容しますが、欧米語をそのまま使うのではなくおもに漢字を用いて翻訳しました。その結果、欧米の学問や文学の成果を日本語で理解できるという、今日に至る文化的状況が生まれました。

評価できるポイント

　日本文化の例として、文化の根幹をなす日本語を取り上げている点、および外来文化の受容後に生み出された文化的状況が説明できている点がグッド。

　この回答で述べられている内容以外にも、日本語の特徴としてよく挙げられるものがあります。1つは、「のっしのっし」「ザーザー」などの擬態語・擬音語（言語学では「オノマトペ」）の多さです。これは、日本語における感覚的・感性的表現の豊かさの表れです。

　もう1つは、主語の省略など動作主を明示しないでも通じる点です。じつはラテン語や古代ギリシャ語にも、主語を明確に表さない（動詞の格変化によって主語を示す）という特徴があります。ですから、「日本語は、主語を省略する世界唯一の言語です」などと言わないよう注意しましょう。

　ここで、「日本語の壁」についても考えてみましょう。

　中学・高校で習ったとおり、自国産業を保護するため、外国製品には

「関税」という税金が課せられます。いわば、外国製品に対する「バリア」のようなしくみですね。一方、日本のメディア（テレビ、ラジオ、新聞、雑誌、書籍など）が発信する情報も、日本語という「バリア」によって海外メディアとの競争から守られています。

　日本語には、約1億2,000万人超という広大な市場がありますから、日本のメディアがわざわざ世界に打って出る必要性はありません。反対に、日本語を自由に駆使する海外メディアはまだ多くないため、日本市場を奪う可能性はいまのところ低いと言えそうです。したがって、日本のメディアは、「海外メディアに負けないよう、報道の質を高めよう」とはなかなか考えません。日本のメディアは、海外メディアとの競争にさらされていないという、いわば「ぬるま湯」につかっていると考えることが可能です。昔から「日本語を守れ」と言われていますが、このように、日本語は十分に守られており、また日本は日本語によって守られているとも言えます。

★日本文化を食文化の視点から説明している

合格回答 ③

　食文化の視点から日本文化を紹介したいと思います。「和食」がユネスコ無形文化遺産に登録されました。国際関係論に関心がある私は、そのことのほかに、日本が世界の多様な食文化を受容してきた点に注目しています。たとえば、ラーメンは中華料理の日本的アレンジです。また、東京では世界じゅうの料理を楽しめます。さらに、近年は、日本から世界への食文化の発信も盛んです。和牛、日本酒、ブランド米などが代表銘柄です。

評価できるポイント

　日本文化を食文化の視点から説明することも可能です。この回答には、国際関係論にもとづく日本の食文化の紹介という意外性があります。日本の農業や牧畜業は、長期にわたり海外との競争にさらされてきました。近年の日本は、価格ではなく、高品質・高付加価値で勝負しています。

テーマ
18　異文化理解

重要度 ★★★★★

質問例

「異文化理解に必要な考え方や姿勢は何だと考えますか」

ダメな回答はこれだ

★単なる言い換えにすぎない

ダメ回答 ①

それぞれの違いを互いに認め合うことだと思います。

ダメ出しポイント

「異文化理解」を「それぞれの違いを互いに認め合うこと」と言い換えて
いるだけです。質問が求めている「必要な考え方や姿勢」については何も
答えていません。「異文化理解」とは、「自分が所属している文化とは異質
な文化を受け入れて理解する態度・姿勢」です。異文化理解においては、
「相手の価値観は、突き詰めれば突き詰めるほど、究極的にはわからない。
だからこそ知りたいし、知るために努力しよう」と考える謙虚さが必要で
す。

★相手文化を見下す差別意識がうかがえる

ダメ回答 ②

自文化とは異なる相手文化の特徴をわかってあげる姿勢だと思います。

ダメ出しポイント

似たような例に、看護師志望者による「患者の気持ちをわかってあげる」

という言い回し、保育士志望者や教員志望者による「子どもの気持ちをわかってあげる」という言い回しがあります。これらの言い回しからは、相手が自分たちよりも劣位にあるという、いわゆる「上から目線」の意識がうかがえます。このように無自覚に相手を見下す意識は、多様性の受容という点に基礎を置く大学での学問からは最も遠い考え方です。

　異質な文化には独特の「わからなさ」があります。文化人類学者である青木保氏の『異文化理解』（岩波新書）という本は、英国の社会人類学者エドマンド・リーチの「異文化理解3段階説」という学説を紹介することによって、この「わからなさ」を解明しています。

　青木氏が取り上げている「3段階」には、①生理学的レベルでわかり合える「信号段階」、②相手文化のルールや言語や習慣を学修すればわかり合える「記号段階」、③相手文化の価値や意味、およびタブー（禁忌）をわかり合う「象徴段階」があります。3つ目の「象徴段階」こそ最も理解困難なものです。

　以前、日本のある食品会社のインドネシア支社が、イスラーム文化圏で禁止されている豚肉由来のアミノ酸調味料を発売し、「ハラール（許されたもの）」に違反しているとして大きな問題となったことがあります。一方、禁じられているという意味の語は「ハラーム」です。イスラーム文化では豚肉がタブーであること、インドネシアが世界最大のイスラーム国であることは、日本人にとっても常識レベルの内容です。その企業の日本人社員がそのような知識を欠いていたはずはありません。

　しかし、その会社は、この事態に対して、「自社製品は、豚肉そのものではなく、抽出した分子レベルのアミノ酸なのだから、問題がない」という対応で済ませてしまいました。先の「異文化理解3段階説」の用法を使うなら、この会社の人たちは、イスラーム文化に対する「象徴段階」の理解に及んでいなかったのです。

★単純化と優劣比較を持ち込んでいない

合格回答 ①

　自文化の価値観だけで相手文化を理解したと考えないこと、自文化と相手文化のあいだに価値の序列をつけないことです。

評価できるポイント ♡

　著名な文化人類学者である川田順三氏も、異文化理解は自文化側の見方だけでは不十分だと指摘しています。一方で、相手文化の見方を丸ごと受け入れることも異文化理解にはならないと述べています。

　文化的差異を優劣に置き換えず、他国文化の多様性とそれぞれがもつ固有の価値を認める考え方を「文化相対主義」と言います。

　米国の文化人類学者であるルース・ベネディクトは、日本文化研究の成果を収めた著書『菊と刀』のなかで「罪の文化」「恥の文化」という用語を用い、世界の文化を分類しています。

　「罪の文化」は強力な一神教を特徴とし、個々人が「神が見ているぞ」という意識にもとづいてみずからの行動を律する文化です。人間を超越した神との「垂直的道徳」とも表現されます。一方、日本文化は「恥の文化」で、「世間から見られて恥ずかしいことをするな」という意識にもとづいてみずからの行動を律する文化です。人間どうしの横の視線が気になる「水平的道徳」とも表現されます。

　誤解してはならないのは、世界の文化が「罪の文化」「恥の文化」に二分されるのではなく、それぞれがグラデーション（濃淡）の関係にあるという点です。米国人にもある程度の「恥」の意識はあり、また「罪」の意識をもつ日本人もいます。この分類はあくまで相対比較です。また、双方の文化には価値の優劣もありません。

★「普遍的価値」の事例が取り上げられている

合格回答 ②

　たとえば、ソクラテスのように権威や伝統に傾倒しない知的態度、自分の無知に誠実に向き合う学びの態度、さらには言論の自由と人権には普遍的価値があると思います。これらの価値は、異文化をつなぐ共通理解として成立すると考えます。

評価できるポイント

　文化間の壁を超える、あるいは横断する「普遍的価値」の存在を指摘しています。この回答で述べられているとおり、学問は普遍的価値の一例です。コテコテの日本人である私が大学院で西洋哲学を勉強したのも、西洋哲学のなかに普遍的価値と呼べるものがあると考えたからです。

　異文化理解をめぐっては、たびたび「男女平等という西欧的理念を日本に押しつけるのは間違いである」という意見が聞かれます。このように、日本の社会や文化の異質性・特殊性を強調する考え方を「日本特殊論（リビジョニズム）」と言います。同様に、ロシアのプーチン大統領は、言論の自由封殺を目的とする憲法改正に対して国際的な批判があがった際に、「西欧的理念をわが国に押しつけるな」という「ロシア特殊論」を展開しました。また、香港への人権侵害・言論弾圧に対して国際的な批判があがった際には、中国政府は「中国特殊論」を展開しました。しかし、人権を脅かす行為に対して権力者側が特殊論を持ち出すことや、「異文化理解」を言い訳として他国における人権侵害を黙認してしまうことは誤りです。それは、「権威や伝統に傾倒しない知的態度」ではありません。

　加えて、異文化理解では、「変化に敏感であること」が重要です。たとえば、私たちが外国人から、「日本にはまだチョンマゲをつけたサムライがいるんでしょ」などと言われたら「いつの時代の話だよ」とツッコミたくなりますよね。これは、外国人による日本文化への誤解です。反対に、相手文化を不動のものとして固定的にとらえてしまうと、今度は私たちが海外文化を誤解することになりかねません。気をつけましょう。

第6節　専門的な質問と回答パターン

テーマ19　ストレスと現代人のメンタリティ

重要度 ★★★★★

質問例　「現代は『ストレス社会』と呼ばれることがありますが、
なぜそのように呼ばれると考えますか」

★質問の前提を崩してしまっている

ダメ回答①

私は、現代がストレス社会だとは考えません。

ダメ出しポイント

この質問に対しては、現代が「ストレス社会」であるという前提にもとづいて分析した原因を答える必要があります。小論文でもそうですが、質問の前提を崩してはなりません。

★踏み込み不足

ダメ回答②

現代人のストレス耐性が弱くなったからだと思います。

ダメ出しポイント

この指摘は鋭いのですが、ここでは、なぜ「ストレス耐性」が弱くなってきたのかという理由まで答えたいところです。たとえば「人工的な環境に取り巻かれていることが原因でリスクにさらされる機会が相対的に減少し、わずかな変化や抑圧に弱くなっているからです」などの回答が考えられます。寄生虫学者である藤田紘一郎氏は、あまりに整いすぎた日本の衛生環境がか

えって病気発症リスクを高めていると指摘しています。

★日本社会の課題が具体的に指摘できている①：政治的関心の低さ

合格回答①

　およそ30年以上にわたる社会や経済の停滞によって年金などの社会保障制度に対する不安が増大している点、また政治による社会変革への期待感もない点が理由だと思われます。政治への無関心は、選挙における投票率の低さからもうかがえます。

評価できるポイント❀

　GDP（国内総生産）も個人所得も税収も、じつに30年以上停滞しています。国の借金である国債の残高が増大していることも、日本社会の深刻な問題です。社会への不安や不満がある場合、本来であれば国民が政治による改革を望む、あるいは選挙を通じて修正を迫るべきものですが、日本では政治的関心も低いままです。国政選挙・地方選挙における投票率の低迷傾向も続いています。この回答は、これらの具体的な社会問題を踏まえて回答できている点がグッドです。

★日本社会の課題が具体的に指摘できている②：集団主義

合格回答②

　個性や多様性が重要だと言われながら、日本社会がいまもなお集団主義的で個人よりも組織を重視する、同質性と同調圧力が強い社会だからと考えます。

評価できるポイント❀

日本社会の特徴としてしばしば、帰属集団・組織を重視する「集団主義」

的傾向や、「その場の雰囲気（空気）に従う」という「場の論理」が指摘されます。現代文や小論文でもたびたび出てくるテーマです。この回答は、そのような知識を踏まえたものになっています。

★既存の価値観や習慣のゆらぎを指摘している

合格回答 ③

　年功序列型賃金制や終身雇用制など従来の価値観や雇用慣行が揺らぐなかで、新しい働き方や生き方のモデルがつかめず、いままでの「男らしさ」「女らしさ」から抜け出ていないからではないでしょうか。

評価できるポイント

「従来の価値観や雇用慣行が揺らぐ」ことへの不安だけでなく、それらの考え方のもとに置かれた人びとが従来型の働き方や生き方に従わなければならないと感じている強迫観念も、ストレス社会を形成する原因です。

　日本にはいまだに、「男性が外で働き、女性が家事と育児を担当すべきだ」という従来型の発想が根強く残っています。これを「男女性別役割分業」と言います。この発想は、女性にとってのストレスであると同時に、非正規雇用など収入が少ない立場にいる男性にもストレスを与えます。男性と女性が家計も家事・育児も協働すれば、お金も心もフォローし合えるのですが、そういう取り組みも進んでいません。また、日本では、同性婚、性的マイノリティの権利、夫婦別姓など、人権と家族に関する議論が長年停滞しています。

　なお、日本のGDP（国内総生産）の総額はしばらく世界第3位を維持していますが、人口で割った「1人あたりGDP」は先進国のなかで下位グループに属します。このような状況は、女性が能力を発揮できるしくみに移行できていないことから生み出されていると考えられます。多くのエコノミストが、大学進学率における男女差がほぼない点を根拠とし、男女不平等解消の突破口として女性の管理職（企業であれば課長以上）への積極登用と報酬増を挙げています。

★情報化社会がもたらすストレスという視点を述べている

合格回答 ④

　SNSですぐレスポンスを返さなければならないという心理的圧迫、ネットでの誹謗中傷が日常的になっていて、いつ自分が標的にされるかわからないという不安、個人情報流出への懸念、個人情報がいったん拡散されると回収困難であるという点への恐怖などが理由だと考えられます。

評価できるポイント

　情報・データが生産・売買に用いられるという「情報化社会」の特徴を踏まえて回答できている点がグッド。これらはすべて、高校生にとってもリアルな問題です。

　情報化社会においては、検索キーワード履歴やネットでの購入履歴などのデータが生産・販売に利用されています。社会学者である阪本俊生氏は、こうしたネット利用履歴データとしての「私」、いわばネット時代の分身を「データダブル」と呼んでいます（『ポスト・プライバシー』／青弓社ライブラリー）。これらがIT企業によって管理されている点にストレスを感じている人は多いはずです。

　ほかにも、監視カメラ・データ通信・画像解析からなる監視社会におけるストレスを挙げることもできます。

　じつは、いろいろな世論調査によると、路上・街中の監視カメラ設置については、約90%の人が賛成しています。これは、プライバシーがさらされることによるストレスよりも、犯罪が起きてしまうことへの恐怖やストレスが強いことの表れです。現実の犯罪件数は増えていないのに、その実数以上に治安に対する不安が高まっているのです。そのような不安解消のためにITセキュリティに依存する傾向を「セキュリティ化社会」と呼びます。

第6節 専門的な質問と回答パターン

テーマ 20 コミュニケーションとその障害

重要度 ★★★★☆

質問例

「『コミュニケーション能力が大事だ』とよく言われます。では、あなたはコミュニケーション能力をどのような能力だと考えますか」

★コミュニケーション能力を単なる「雑談力」ととらえてしまっている

ダメ回答 ①

だれとでも打ち解けて会話を続けられる力だと思います。

ダメ出しポイント

たしかに、会話を途切れず続けるという「雑談力」向上に関するノウハウ本がたくさん出ていますね。仕事によっては、あるいはシチュエーションによってはそういうおしゃべりの能力は大切なのかもしれません。しかし、それは、はたして学問の府である大学で問うべき能力なのでしょうか。

また、仲間内の会話を盛り上げる爆笑トーク力が「コミュニケーション能力」だと言えるのかどうかは、疑ってかかるべきです。

哲学者の河野哲也氏が著書『意識は実在しない 心・知覚・自由』(講談社選書メチエ。入試で頻出です！)で力説しているように、実体としてのコミュニケーション能力というものは存在しません。コミュニケーション能力は、大脳内の特定の部位が司る能力ではなく、時代により社会により変わるものです。この質問に対しては、「学問にとって必要なコミュニケーション能力」について説明する必要があります。

★「空気を読む」ことが重要だという前提から話してしまって いる

ダメ回答 ②

場の空気が読める能力だと思います。

ダメ出しポイント💧

　日本の社会では、暗黙の了解である「場の空気（雰囲気）」を察知する能力が求められる傾向にあります。また、日本の社会には、ほかにも、言葉に出さずに度胸や権威の力で人を動かすという「腹芸」（「宴会芸」ではありません）や、表に出ていないところで相手の了解を事前に得ておくという「根回し」などのコミュニケーション技術があります。これらは従来、「大人の交渉技術」として高く評価されてきました。

　しかし、別の側面から見ると、この能力は、大勢に順応することを個々人に強要する「同調圧力（ピア・プレッシャー）」です。第二次世界大戦における日本の敗因は、同調圧力によって言質（言葉の人質）をとられることを避け、権力者が責任をとらなかった点にあるとの指摘があります。

　学問の場では、価値観を異にする者どうしの対話が必要です。場の雰囲気によらず、自分の意見を堂々と伝え切る能力が求められるのです。学問においては、波風を立てないこと、穏便に済ませることが美徳ではありません。そういう行為は学問を萎縮させます。

　なお、ときどき「デモ」を「テロ」と同水準で考えてしまう人がいますが、とんでもない誤解です。デモ行進などは、民主主義における重要な権利行使手段です。犯罪行為であるテロリズムや、差別・脅迫であるヘイトスピーチと混同してはなりません。

★ネット空間における「ディスコミュニケーション」が指摘できている

合格回答 ①

　自分とは異なる意見に耳を傾けることができる能力です。ネットではこれが欠けています。

評価できるポイント 🌸

　「コミュニケーション能力」が求められる背景には、ネット空間におけるディスコミュニケーションの常態化があります。本来なら人と人をつなぐはずのインターネットが、意見を異にする人どうしの分断を助長しています。ネット上では、SNSやブログへの投稿が瞬時に批判を集め、まるで燃え広がるように拡散していく「炎上」という現象も日常茶飯事です。

　一方、学問の場では、異なる意見を聴き、相手の立場を尊重したうえで冷静に討論し、合意を形成すること、あるいは議論を高めるようなコミュニケーションの力が求められます。

　学問はよくオーケストラにたとえられます。オーケストラにおいては、異なる複数の楽器が奏でる音を一体のハーモニーとしてまとめ上げるためには、1人ひとりの奏者がほかの奏者が出す音に合わせて演奏することが必要です。学問でも、それぞれ違う音（＝意見）の響き合いのなかから調和（＝合意）や高め合いを生み出さなければなりません。

　教育学者である齋藤孝氏は、大学の授業において、相手の意見を否定せず、その意見の説得力を高めるために協力し合うという討論法を指導します。議論の目的は、相手を打ち負かすこと、論破することではありません。議論によって自分も相手も知的成長を遂げることにあるのです。

★抑圧のない発言の場づくりに必要な能力としてとらえている

合格回答 ②

唯一解がない学問という領域において自由に発言できる雰囲気をつくること、および発言できない雰囲気を回避することがコミュニケーション能力だと、私は思います。

評価できるポイント

コミュニケーション能力を、学問において自由で開かれた発言の場を形成できる能力として的確にとらえることができています。

学問にも社会問題にも、あらかじめ用意された唯一解はありません。だからこそ、議論の参加者がお互いに意見を出し合い、問題解決を導くことが必要なのです。ドイツの哲学者であるハーバーマスは、著書『コミュニケイション的行為の理論』／河上倫逸・平井俊彦翻訳／未來社）のなかで、「黙って引っ込んでいろ！」と言われない「抑圧なき言論」をコミュニケーションの理想としてかかげています。

「コミュニカティブ（communicative）」という、「意思疎通できる」「お話し好き・話しじょうずである」などの意味をもつ用語があります。私は、相手の発言を気持ちよく引き出す行為が「コミュニカティブ」だと思っています。たとえ積極的に発言しない口ベタな人であっても、その場にいることで議論を盛り上げてくれる人はコミュニケーション能力が高い人、コミュニカティブな人です。

現代文・小論文ともに頻出の哲学者である内田樹氏は、編著『日本の反知性主義』（晶文社）のなかで、知性は、ある個人に属するものではなく、集合的なものだと述べています。その指摘によれば、グループの活力を下げる人は、どれほど賢そうに見える人でも反知性的なのです。

こんな質問もある

◆コミュニケーション能力を育むことは可能だと思いますか。

第6節 専門的な質問と回答パターン

テーマ 21 心 理 学

重要度 ★★★★☆

質問例 「あなたは、人間の心についてどのように考えていますか。また、人間の心の解明は可能だと思いますか」

ダメな回答はこれだ

★人文・教育系からのアプローチを答えていない

ダメ回答 ①

心は脳科学の対象であり、脳科学によって解明可能だと考えます。

ダメ出しポイント

　この本の対象は、人文・教育系の受験生です。したがって、この 第6節 専門的な質問と回答パターン では、「心理学部」「文学部心理学科」「文学部行動科学科」「教育人間科学部心理学科」「教育学部発達心理学専攻」「教育学部教育心理学専修」「文学部社会心理学専修」「人間科学部臨床心理学専修」などを対象範囲として定めています。一方、「脳科学」は、おもに医学に属するため対象外です。しかし、この回答は、「脳科学」に「人間の心の解明」をゆだねてしまっているため、試験官から心理学への探究心を疑われてしまいます。もちろん、脳科学、精神医学、精神分析学、医学生理学などのアプローチも「人間の心の解明」に大きな役割を果たしますが、それだけで完結するものではありません。このように「心の解明」は、多元的な探究を必要とする分野だと言えます。

★社会心理学からのアプローチが説明できている

合 格 回 答 ①

　人間の心理を学べる学部・学科はたくさんありますが、私は社会心理学を勉強し、社会集団ごとの人間の心理傾向や変化を解明したいと考えています。日本における自殺率の高さという問題の原因を探り、自殺率低下にも貢献したいと考えています。

評価できるポイント

「人間の心の解明」についてはさまざまな学問分野からの多元的アプローチが可能ですから、回答では、「なぜこの学部・学科で心理学を学びたいのか」を説明する必要があります。この回答は、それができていてグッド。

　フランスの社会学者デュルケームは、カトリック文化圏の国における自殺率が、同じキリスト教文化圏であるプロテスタント文化圏の国における自殺率に比べて有意に低いことを明らかにし、その理由を分析した。このようなアプローチは社会心理学によるものであり、脳科学や大脳生理学では不可能である。

★心理学の知識と教養が踏まえられている

合 格 回 答 ②

　「アイヒマン実験」に関する本を読み、ある特定の状況に置かれた人間には、本来の資質とは無関係に悪魔的な行為を犯してしまう可能性がある、ということがわかりました。

　心理学への関心にもとづく知識と教養を踏まえて回答できています。

「アイヒマン実験」は、「人間は状況次第で残酷な命令に従ってしまう」「正統な権威者と見なした人間の命令に服従してしまう傾向がある」「相手との距離が離れれば離れるほどその相手の痛みに鈍感になる」などの人間心理を実証するために行われた、米国の心理学者ミルグラムによる実験です。実験名は、「アイヒマン」という人物からとられています。アイヒマンはドイツのナチ親衛隊員であり、総統であったヒトラーからの命令を受け、大量のユダヤ人を強制収容所に送還した人物です。アイヒマンは、裁判の場で、「ヒトラーからの命令に粛々(しゅくしゅく)と従っただけだ」と主張しました。この実験は、この世にはもともと悪魔のような人間がいるわけではなく、状況次第でだれもがアイヒマンのような悪魔的な行為を犯しうるということを示唆しています。

　ちなみに、社会科学に属する経済学や経営学は、「インセンティブ」というテーマを扱います。インセンティブは「人びとを動かすための要因・誘因」を意味し、たとえば、どの程度賃金を上げれば社員のやる気と成果を引き出せるかなどの「動機づけ」を研究対象とします。一方、行動経済学という分野は、そのように露骨な「アメとムチ」ではない、肘でツンツンつつくような適度なおせっかいであるナッジを研究テーマとして扱います。

前提知識はこれだ🌸

マシュマロ実験：米国の心理学者ミシェルが行った、子ども時代の自制心と、将来の社会的成果の関連性を調査した実験。目の前に置かれた1個のマシュマロをすぐに食べてしまう子どもと、少し我慢してマシュマロを2個もらうことを選択する子どもの両方を観察対象とした。追跡調査の結果、すぐに食べることを我慢できた子どもは、その後の学力面での成績や社会人としての成功確率も高いと判明した。ただし、近年では実験の再現性・妥当性が疑われている。

質問例

「『アイデンティティ』とはどういうものかを説明してください」

⬇

★用語の正確な定義が理解できていない

ダメ回答 ①

　自己同一性のことで、自分のことは自分がいちばんよくわかっているという意味です。

ダメ出しポイント

　「アイデンティティ」は、あまりに多くの誤解にさらされている用語です。たしかに「自己同一性」と訳されますが、単なる主観的な自己認識を意味しません。また、その自己認識は固定的なものでもありません。

★用語の正確な定義が理解できている

合格回答 ①

　自分とは、異質な他者から承認されている自己像のことです。私も、将来はすぐれた臨床心理士として認められるよう学びに取り組み、豊かなアイデンティティを築きたいと思います。

評価できるポイント

　関心分野を入念に調べられています。このように、アイデンティティは、「他者の目から見た『私らしさ』」です。この「私」は、遺伝子などによって生物学的に決定される「私」ではなく、他者からの承認を得た社会的存在としての「私」です。「私」は、社会的に認められてはじめて「私」になれるのです。

第6節 専門的な質問と回答パターン

 テーマ 22 理想の教員像と教育

重要度 ★★★★★

質問例

「あなたが考える理想の教員像を説明してください」

ダメな回答はこれだ

★定型化・常套句で済ませてしまっている

ダメ回答 ①

児童・生徒1人ひとりに寄り添える教員です。

ダメ出しポイント

いまなら100人中90人が言いそうな回答です。「寄り添う」のように、常套句と化し本来ありえた重要な意味が蒸発してしまった言葉がいくつかあります。たとえば、東日本大震災後から多用されるようになった「絆」もそうです。あまりに連呼されすぎたため、多くの被災者によって「最も聞きたくない言葉」として挙げられるほど忌みきらわれてしまいました。

「寄り添う」や「絆」という言葉を使ってはいけないということではなく、自分なりに言い換えて答える必要があります。

★従来型の「何でもできる教員」を理想像としてかかげてしまっている

ダメ回答 ②

教科指導だけでなく生活指導や部活動指導や進路指導、さらには地域や家庭での児童・生徒にも目の行き届く教員です。

ダメ出しポイント 💧💧

　回答の内容が、現在の教育現場で求められている教員像からかけ離れています。現在の教育現場では、教員に全知全能を求めるこのような働き方、過度な理想化への反省と再考が始まっています。この項目の見出しは「従来型の『何でもできる教員』」としていますが、実際には「できていない」「できない」「できるはずがない」「やってはいけない」のに教員がやろうとするため、教育格差、いじめ、教員の病気休職などの問題が起きているのではないかと、私は考えます。

合格回答 は こ れ だ ✿✿

★「担当教科の学力」という視点から説明している

合格回答 ①

> 　まず担当教科の学力が高い教員、その教科について強い探究心をもつ教員です。また、自分自身に教科学力があるだけでなく、生徒がつまずくところがよくわかっていて、工夫して生徒自身が弱点を克服するための教え方ができる教員でもあります。

評価できるポイント ✿✿

「寄り添える教員」などの漠然としたイメージではなく、「担当教科の学力が高い教員」という明確な理想像がかかげられています。ただし、できればただの「教員」ではなく、「●●科の教員」「小学校教員」「中学校教員」「高校教員」と焦点を絞って話せていれば申し分ありませんでした。教員志望のみなさんは、自分が指導したいと考えている教科に求められる学力・指導力を具体的にイメージしてください。また、児童・生徒としての自分の体験のなかから、実際に受けて役立った指導法、反対に疑問をもった指導法を思い出し、面接で話せるよう準備しておきましょう。

★「教育法の理想像」をかかげている

ただ正しい答えを教えるだけではなく、答えの導き方について理解を引き出すことができる教員、また生徒が間違いや失敗から学べるように指導できる教員です。

評価できるポイント👍

高圧的に模範解答を教えるのではなく、生徒の「理解を引き出す」という教育姿勢がグッド。「教育（education）」の語源は「引き出す」という意味のラテン語 *educare* ですから、これは理にかなった教育法でもあります。ここでは「理解を引き出す」と答えていますが、ほかにも「興味を引き出す」「やる気を引き出す」「考える力を引き出す」など、回答にはさまざまなアレンジとバリエーションがありえます。

また、「誤り」「過ち」「失敗」を突き放すのではなく、そこから何かを学びとれるよう誘導する教育法も重要です。学びでも人間関係でも、人生には失敗が必ずついて回ります。それらの失敗から学べるようサポートできる教員こそ「生徒に寄り添うことができる」教員なのです。

★「健全な自己肯定感」を引き出すという具体性が述べられている

文部科学省による国際比較から、日本の児童・生徒は自己肯定感が顕著に低いことがわかっています。私は、何かができなかったことを責めるのではなく、何かできることを見つけ、それを伸ばして児童・生徒から本人の能力について自信を引き出せる教員が理想的だと考えます。

評価できるポイント👍

統計を踏まえて回答できている点がグッド。統計は、人文・教育系の小論文でもよく出題されます。推薦・総合型では避けて通れない小論文の対

策は、面接における回答のベースをなす知識になりえます。あらゆる学習がリンクしているのです。

　文部科学省によるこの調査には、「自分は人なみの能力をもっている」「自分はダメな人間だと思うことがある」「自分自身に満足している」「自分は役に立たないと強く感じる」などの項目があります。回答でも触れているとおり、日本の児童・生徒は、他国に比べて自己肯定感が低いという傾向にあります。また、学年が上がるほど自己肯定感が低くなりやすいこともわかっています。

　日本は、深刻な少子化に直面しています。埋蔵資源には恵まれず平地面積もせまい日本が国際競争力を維持するには、自分の可能性を信じて前向きに努力できる人材を教育によって育てる必要があります。みなさんもぜひ自分の可能性を信じ、この本を読み込むことによって志望校合格を勝ち取ってください。

こんな質問もある

◆教員になるためにこれまで努力してきたことは何ですか。

◆印象に残っている先生はどのような方でしたか。

◆（養護教員志望者に向けて）あなたが考える「理想の保健室」について説明してください。

◆教員に必要な資質とは何ですか。

◆自分が提案した教育法がうまくいかなかった場合にはどのように対応しますか。

◆理想の教員像に対して自分に足りない点が何かありますか。

◆●●（教科名が入る）が苦手な生徒にはどのように対応しますか。

第6節 専門的な質問と回答パターン

テーマ 23 いじめ

重要度 ★★★★☆

質問例

「学校で起きているいじめの問題について、
あなたはどう考えますか」

⇩

ダメな回答はこれだ

★いじめの原因を本能に帰してしまっている

ダメ回答 ①

いまに始まったことではなく、昔からありますし、人間の本能ともかかわるため、永遠になくならないと思います。

ダメ出しポイント

このようにいじめを「人間の本能」からくる行為だと断じ、教育系志望でありながらいじめの問題に対する当事者意識をもたない受験生は、案外たくさんいます。このような人はきっと、「学校で起きているいじめの問題」の箇所を「犯罪」「性犯罪」「殺人」「戦争」「差別」に入れ替えて質問してもきっと同じように回答するのでしょうね。

十分な吟味なしに問題の原因を「人間の本能」に帰してしまうような乱暴な議論の仕方、および単純化を「還元主義」と言います。たとえば、家事・育児や介護や保育などの労働を女性本来の役割だと決めつけ、低賃金で働いている保育士などに対して「こういう人たちは母性本能にもとづいて働いているのだから、低賃金を甘受しなければならない」などという発言を平気でします。このような姿勢は、人間に関する考察や探究を深めていくことにも、問題を解決することにもつながりません。教育系志望者が厳に慎まなければならない態度です。

★加害者を正当化してしまっている

ダメ回答 ②

> いじめられる側にも問題があるケースが多いと思います。

ダメ出しポイント

　これもよく聞く、加害者側に立った自己弁護の一種です。刑事事件においては、加害者側が、自分の罪状を軽くするために被害者側の落ち度を非難するという例があります。見苦しい限りです。このような理屈を認めることは、人権侵害を正当化することにつながってしまいます。断じて否です。

合格回答はこれだ

★問題に対する焦点の当て方が鋭い

合格回答 ①

> そもそも「いじめ」という表現にも問題があると思います。本当は深刻な人権侵害行為あるいは犯罪であり責任ある大人が介入すべきなのに、「子どもたちで解決すべきレベルの問題」と軽く見てしまい、十分に対処していない点は見過ごせません。

評価できるポイント

　「いじめ」が「人権侵害行為」「犯罪」であり、警察や弁護士などの「大人が介入すべき」事態だと述べ、「子どもたちで解決すべきレベルの問題」ではないという点を指摘しています。この回答は、学校で所持品をとられたり壊されたりすることは「窃盗罪」「器物損壊罪」ではないかという視点、あるいは、学校で暴力を振るわれることは「恐喝罪」「暴行罪」ではないかという視点を提供しています。真っ当な問題提起です。

　しかし、いじめが発覚した場合、学校や教育委員会は、警察や司法による介入を「学校内で解決すべき問題」としてしりぞけがちです。それどこ

ろか、いじめが起きたことを隠すという場合すらあり、最悪の事態として、被害者が自殺してしまうことさえあります。学校や教育委員会によるずさんな対応がいじめを温存しているという側面は否めません。

★問題の背景が指摘できている

合格回答 ②

「ブラック校則」が問題になったように、学校が児童・生徒の多様性を認めていない点が、「いじめ」という排除の暴力の背景になっていると、私は考えます。また、先生たちが多忙すぎてクラスや校内のいじめに対処できないという問題点もあります。

評価できるポイント

　行きすぎた生活指導・生徒指導が人権侵害に至ってしまうというケースが見られます。もともと地毛が茶色である生徒に対して校則にもとづいて黒く染めるよう強要した大阪府立高校の事例に関する訴訟では、府に賠償命令が出ています。こうした事態を受け、全国の教育委員会に対し、文部科学省から校則の見直しをうながす通知が発出されています。また、生徒が校外で問題行動（万引きなど）を起こした場合、本来は本人と被害者（商店など）・警察・保護者（親）の問題であるはずのところ、教員が事態収拾にまでかかわるというケースも多発しています。

　強権的な生活指導・生徒指導は、1970〜80年代に各地の中学・高校で起きた校内暴力への対応策として定着しました。そのような指導の欠陥に気づいている学校・教員は多いのですが、近年は校外でも学校・教員の責任が厳しく問われる風潮が強まっているため、問題への防止策として撤廃できないという事情もあるようです。

　「学校が児童・生徒の多様性を認めていない」という点についてさらに説明します。1つ目は、日本では児童・生徒の持ち物に対する学校指定が多すぎるという点です。多くの所持品を、メーカー指定・購入店舗指定によって義務的に買わされます。児童・生徒みずからが主体的に選ぶことは

180

許されていません。

　2つ目は、1学年・1等級以上を飛び越して上の学年・等級または上の学校に移るという「飛び級」を認めていないという点です。飛び級を認めない立場は、平等主義だと言えます。しかし、実質的には多様性の軽視であり、形式的平等にすぎません。

　3つ目は、高校において選択できる科目が少ないという点です。200以上の科目のなかから生徒の関心と適性に合わせて選択できる米国の公立高校との違いがここにあります。

　この節のテーマ22でも触れた「自己肯定感」の低さは、他人を肯定する感覚が低いことをも意味します。したがって、自己肯定感が低い児童・生徒は、だれかを攻撃してもかまわないと考えてしまう可能性があります。自分への正当な自信があれば、他人をいじめようとはしないはずです。いじめの加害者は、自分への不安に駆られて行為に及んでいるのではないか、と考えることは可能です。

　児童・生徒の「世界」、居場所は、家庭と学校だけとは限りません。校外活動もありますし、塾・予備校もあります。学校になじめない人には、通信制学校や、NPOが運営するフリースクールという場所もあります。この点でも多様性が大切です。

こんな質問もある

◆いじめを未然に防ぐための施策としてどのようなことが考えられますか。

◆いじめに関するニュースで何か気になったものはありますか。

◆児童・生徒が不登校になってしまう原因はどこにあると考えますか。

テーマ 24 学校教育の課題

重要度 ★★★★★

質問例 「教員の膨大な業務量や長い労働時間が問題になっています。これらの問題を、あなたはどのように考えますか」

ダメな回答はこれだ

★問題の理解が浅い

ダメ回答 ①

児童・生徒のために教員という仕事を選んだのですから、仕事がたくさんあることはむしろありがたいことではないかと、私は思います。

ダメ出しポイント

教員の激務がなぜ問題視されているのかという点に関する理解があまりに不十分です。「やりがい」の名のもとに長時間・無報酬で働かせる「やりがい搾取」などの問題に加えて、じつはそもそも教員の働き方が児童・生徒のためになっていないという問題も存在するのです。

たとえば、日本の中学教員の勤務時間は、OECD（経済協力開発機構）加盟国中最長レベルにあります。ところが、授業時間は、OECD加盟国平均よりも短いのです。ここからは、授業以外の事務作業や部活動など課外活動時間に割く時間が長すぎるという実態が浮かび上がります。部活動指導による長すぎる拘束のため授業準備が疎かになり授業の質が低下するという事態が起きているとすれば大問題です。もし学校の授業が十分に機能しなくなれば、塾・予備校に通う生徒が増え、塾・予備校に支出可能な家庭とそうでない家庭の経済力による教育格差が起きる可能性もあります。

また、部活動指導に熱意を燃やす教員もいる一方で、自分に知識がない

部の担当を任されていることに負担感を覚える教員もいます。部活動指導に対する教員の負担を減らすため、外部の専門家に委託する、学校事務職員を増やすなどの対策もありえます。この対策には、地域の人材活用と雇用創出というメリットがあります。

合格回答はこれだ

★回答根拠が示せている

合格回答①

　日本の教員の労働時間が長い一方、授業時間や授業準備のための時間は少ないことを示す国際比較の統計を見たことがあります。その背景には、教員が事務作業や部活動など本来の職務以外の業務に忙殺されているという実態があります。教員の働き方がこのまま改善されないと、教育の質が低下していくおそれがあります。

評価できるポイント

学校教員の課題が統計による裏づけによって示せていて、グッド。

前提知識はこれだ

◆教員の負担軽減と部活動の質向上を目的とし、2017年度から「部活動指導員」が制度化された。研修を受けることによって学校職員の身分となり、有償（報酬あり）で部活動指導に携わる。

◆「教員業務支援員（スクール・サポート・スタッフ／ SSS）」を公立小中学校に配置する事業が2018年度から導入された。業務内容には、授業用資料の制作、学習プリント・家庭への配布文書の作成、採点業務の補助、来客・電話対応などがある。

◆公立学校教員の病気休職者のうち、うつなど精神疾患による休職が増加傾向にある。

質問例

「一般的に、教員の賃金には年功序列型賃金制が採用
されていますが、これを成果主義に変更することに
ついて、あなたの考えを話してください」

ダメな回答はこれだ

★予備校講師と教員を同等に扱ってしまっている

ダメ回答 ①

　予備校講師などの賃金は、成果主義による職能給にもとづいていると聞き
ます。教員にも職能給を導入し、成果主義によってお互いを競わせるべきだ
と考えます。

ダメ出しポイント

　教員は「公教育」の担い手であり、教科指導だけでなく児童・生徒の生
活指導まで担当します。一方、予備校講師は、「私教育」「教育ビジネス」
の担い手であり、教科指導しか担当しません。教員は、予備校講師のよう
に1年単位の短期的な成果や競争にさらされることがない代わりに、生徒
の入学～卒業までの数年をかけ、児童・生徒の学力向上だけでなく、人格
形成にも責任を果たすことが求められます。そういう意味では、教員の業
務には、ある特定の期間に表れた成果に応じて賃金を決めるという職能給
による評価がなじみにくいという側面があります。合格実績・集客人数な
ど、数値に表れた成果によって賃金が決まる予備校講師と教員を同列に
扱ってしまうのはあまりに乱暴です。

★高い推測力にもとづいて回答できている

合格回答 ①

　成果主義に切り替えてしまうと、教員が進学実績など数値化しやすい指標の向上に時間と力を注ぐようになり、児童・生徒の心の問題やいじめなど、解決に時間のかかることを軽視したりなかったことにしたりするなどの弊害が起きると推測されます。したがって、成果主義の導入に反対します。

評価できるポイント🌸

　成果主義に移行した場合のシミュレーションが的確です。

「数値化しやすい指標」には、生徒を対象とし、授業への満足度や教える側の熱意、わかりやすさなどを問うアンケートの結果があります。予備校講師の場合には、このようなアンケートの結果以外に、合格実績・集客人数などが査定材料として用いられます。予備校講師は、生徒から選ばれる立場にいます。また、成果が測りにくい生活指導などは担当しません。予備校講師の業務は、成果主義による評価との相性がよいのです。

　一方、先ほど述べたとおり、教員の業務には数値化による評価が困難な側面がたくさんあります。哲学者である内田樹氏は、学びの過程にある者（児童・生徒・学生）がその学びを提供する教員を正しく評価することは不可能だと指摘しています。

　なお、この回答は成果主義の導入が学校教育を悪化させると推測していますが、反対に、導入によって学校教育が改善される可能性もあるのではないかと推測することも可能です。読者のみなさんは、ぜひ導入賛成側でのシミュレーションもしてみてください。

こんな質問もある

◆学校教員の業務に関する問題点を挙げてください。

第3章　人文・教育系面接　頻出質問・回答パターン25

第6節 専門的な質問と回答パターン

テーマ 25 新型コロナウイルス感染症

重要度 ★★★★☆

質問例

「感染症対策について、あなたの考えを述べてください」

ダメな回答はこれだ

★自分とのかかわりに触れていない

ダメ回答 ①

政府によるしっかりした対策が求められると考えます。

ダメ出しポイント

　たしかに、政府の仕事は国民の税金を原資とし、政策を立案・実行して国民を守ることです。しかし、この回答は、学問への関心や職業への関心にもとづいて対策が述べられていない、すなわち、自分とのかかわりに触れておらず当事者意識が感じられないため不十分です。

★社会的な広がりにつながっていない

ダメ回答 ②

私は手洗い、消毒、うがいを徹底して行っています。

ダメ出しポイント

　この回答は、自分とのかかわりには触れられていますが、社会と結びついていない内容であるため、広がりがありません。この質問に対しては、自分とともに政府の役割、地方自治体の役割、民間企業やメディアの役割、あるいは市民の役割など、社会的な視点による対策を述べるべきです。

★職業への関心にもとづいた対策が述べられている①：メディア

合格回答 ①

私は将来、メディア・報道関係の仕事に就きたいと考えています。その視点からすると、メディアは、政府に対する政策批判だけでなく、感染症対策で果たす自分たちの役割に自覚的であるべきで、風評被害を助長するようなことはあってはならないと思います。

評価できるポイント

メディア志望という職業への関心にもとづいて回答できていて、グッド。

メディアには、権力のチェック、すなわち、政府に対する批判や検証を求める提言などの機能があります。これは、政府が国、社会、国民に対して有害な行為、国益を損なう行為を犯さないよう監視することです。メディアによる政府批判を「反日」などと短絡的に考えてはなりません。歴史学者アクトンによる「権力は腐敗する。絶対的権力は絶対的に腐敗する」という言葉を銘記してください。

感染症対策としてメディアが果たすべき役割と担うべき責任として考えられるのは、たとえば「必要以上に視聴者・国民の不安をあおらない」「感染者の特定に加担しない」「風評被害を助長しない」などです。

★職業への関心にもとづいた対策が述べられている②：学校教育

合格回答 ②

教員志望なので、学校教育の視点から考えてみたいと思います。児童・生徒に対しては、学校側・教員側から感染症に関する正しい知識やメディアによる報道への向き合い方を教えることが大切です。また、そのような情報を家庭とも共有していく必要があります。さらに児童・生徒から感染者が出てしまった場合には、差別やいじめにつながらないよう配慮することも必要です。一方、感染症対策を実施しながら授業を運営し、児童・生徒の教育機会を奪わない努力と工夫も重要だと考えます。

評価できるポイント🌸

　教育関係者が当事者としてできることが指摘できていて、グッド。感染症対策に配慮しつつ教育を継続していくことはきわめて重要です。

　感染症対策以外にも、学校から児童・生徒経由で家庭とも共有されるべきことの1つに「環境教育」があります。たとえば、北海道では、狩猟で使われた散弾銃が含む鉛によってもたらされた環境や生態系への被害に関して、学校と児童・生徒経由で大人にも理解が広がった結果、無鉛銃弾への転換が進んだという事例があります。このように、教育には大きな社会的意義があるのです。

★回答が学問への関心にもとづいている①：歴史学

> 合格回答 ③
>
> 　歴史学者である磯田道史氏の著書『感染症の日本史』を読みました。過去にも、人類はペストをはじめとする感染症と闘ってきました。日本では大正時代に通称「スペイン風邪」と呼ばれる感染症の何波にもおよぶ流行を経験しています。私は、歴史学の知見にもとづいた感染症対策がありうると考えます。

評価できるポイント🌸

　回答が学問への関心にもとづいていて、グッド。また、関心分野の本を読んでいることもアピールできています。

　英国の歴史学者であるE. H.カーが「歴史とは現在と過去との絶え間ない対話である」と語っています。「市民の不安からどのような2次的悪影響が起こりうるか」「都市封鎖の成功例と失敗例にはどのようなものがあるか」などを歴史学の知見から学ぶことは、まさに「現在と過去との対話」ですね。感染症は必然的に、過去から現在までの社会のあり方、そこに住む人間が重ねてきた歴史とかかわります。ワクチンや治療薬の開発だけが感染症対策ではありません。

　なお、磯田氏は、『天災から日本史を読みなおす』（中公新書）という著

書のなかで、歴史学は現在および未来に生かせる学問であることを力説しています。

★回答が学問への関心にもとづいている②：心理学

合格回答 ④

　感染者は、病気そのものだけでなく、孤独や孤立、差別、休職・離職・解雇などの不安にも苦しんでいます。私は、心理学が採りうる感染症対策として、感染者へのフォローやケアがあると考えます。

評価できるポイント🍀

　心理学という学問への関心と知見にもとづいた感染症対策が指摘できています。この回答は、ほかの学問への関心からだけでは気づかない視点を含みます。やはり、興味のある分野からの発想が最強ですね。

こんな質問もある

◆新型コロナウイルス感染症拡大に対して政府が実施した対策にはどのようなものがありましたか。

◆コロナ禍による学校教育の変化について説明してください。

◆あなたがコロナ禍において考えたことを話してください。

◆感染症対策として学校の教員に最も求められる資質と能力は何だと考えますか。説明してください。

第7節 個人面接

テーマ 01 心理学系・行動科学系・認知科学系の面接

重要度 ★★★★☆

設定

試験官	A：進行役／B・C：細かい質問役
受験生	Dさん：認知心理学に関心がある。
試験時間	10分

この面接での志望理由以外の質問
◆卒業後の進路・研究計画・知識事項

面接の事例

試験官A ①認知心理学に関心があるようですね。本学の学生は、「発達・教育心理学」「学習・認知心理学」「臨床心理学」「社会心理学」の4コースから最低2つ以上のゼミを履修して、その後細かく選択するのですが、その点は問題ありませんか。

Dさん はい、問題ありません。②複数のコースでしっかり勉強したのち、卒業論文を指導していただくゼミを決める方式である点から、貴学を選びました。これまで私が読んだり調べたりしたなかでは認知心理学が最大の関心分野だったので、やはり大学でいくつかの専門科目を学んでからテーマを絞れる点も魅力的です。

試験官B ③ほかの大学とも比較検討しましたか。

Dさん はい。④人間科学部で心理学か、教育学部で教育心理学か、文学部で心理学か、社会学部で社会心理学かを調べた結果、自分が取り組みたいことに合致するのは貴学部貴学科だと思い、受験しました。

試験官C 卒業後の進路はどう考えていますか。

Dさん ⑤心理学を子どもたちの学習や教育に生かしたいと考えており、学習

教材の開発・提供を行う企業や、発達障害児の学習をサポートする団体などへの就職を視野に入れています。

> 回答へのコメント

➡❶：志望理由書にもとづいた質問です。大学カリキュラムとのマッチングを問うものであり、志望校の特徴をよく理解しておく必要があります。

➡❷：〇　コース設定の特徴を踏まえている回答であり、グッド。なお、認知心理学がどのような学問であるかについて、自分がいま理解している限りで簡単に説明できると、さらに高評価がつきます。

➡❸：こんな質問だけでなく、併願校について問われることもあります。正直に答えましょう。

➡❹：〇　「調べた」だけで終わらず、調べた内容まで回答しています。

➡❺：◎　大学で学ぼうとしていることとマッチした「将来像」が挙げられていて、グッド。実際にこのような取り組みを行っている企業や団体を具体的に調べておくと、さらに高評価がつきます。

コシバからのアドバイス

　心理学系卒業生の進路はじつに多様であり、心理学とはストレートには結びついていないように見える企業や公務員に就職するケースも多数あります。しかし、推薦・総合型の面接では、自分が学びたい心理学が生かせる将来像を提示してください。

　たとえば、人事、労務管理、社内教育、研修、営業、企画・開発、広報、広告、デザイン、マーケティング、市場調査など、心理学は幅広い職種で生かせます。志望理由書や面接でその点を強調しましょう。

第7節 個人面接

テーマ 02 哲学系・倫理学系・宗教学系・思想系の面接

重要度 ★★★★☆

設 定

試験官	A：進行役／B・C：細かい質問役
受験生	Dさん：文学部倫理学専攻を志望している。
試験時間	10分

この面接での志望理由以外の質問

◆卒業後の進路／学部・学科の特徴にかかわるもの／入学後の学び

面接の事例

試験官A 倫理学専攻を志望していますが、哲学と倫理学と宗教学それぞれどのような共通点と相違点があると思いますか。

Dさん 全学問や人間の全営みの基礎にかかわる学問という点で共通していると考えています。哲学は学問そのものの探究・確かさの探究で、宗教学は神と人間とのかかわりを構想したものについて比較する学問だと思います。道徳とも関係する点で倫理学と接点があります。倫理学は、人は何をなすべきか・なさざるべきかを問う道徳哲学だと理解しています。

試験官B そのなかでも倫理学についてはどのような学びを考えていますか。

Dさん 人間の未来世代と生態系への責任を考える環境倫理や動物倫理を学びたいので、応用倫理学の●●教授の下で学びたいと考えています。関連する環境経済学や環境法も貪欲に学びたいと考えます。

試験官C 関心分野で読んだ本は何がありますか。

Dさん 加藤尚武氏の『応用倫理学入門』とピーター・シンガーの『動物の解放』です。両者ともこれからの人間の倫理的責任について書かれて

いて感銘を受け、倫理学を志望する動機となりました。

試験官B　応用倫理学を生かした卒業後の進路はどう考えていますか。

Dさん　₅学んだ倫理学を現実の社会で実践したいので、環境省や農林水産省などで働くことを考えています。今後もっと調べてどのような職種で生かせるかを検討していきたいと思います。

回答へのコメント

➡❶：哲学系・思想系の面接で実際に尋ねられている質問です。小論文と同じく面接でも唯一の模範解答というものは存在しませんが、試験官の納得を引き出す言葉を選び抜いて伝えましょう。

➡❷：◎　言葉選びが適切です。

➡❸：◎　カバーする範囲が広い倫理学のなかで自分が注目しているトピックを提示できています。

➡❹：○　読んだ本について簡潔にコメントできています。応用倫理学は現代の科学技術や人間の経済活動が生んでしまった問題について考える学問です。動物倫理をめぐっては、畜産動物の飼育方法についても感染症対策はもちろんのこと、ケージの広さなど「動物福祉」にまで議論が及んでいます。EU（欧州連合）ではすでにそれらを踏まえたさまざまな規制が始まっていて、日本はこの分野の知識面と実践面で周回遅れになりそうです。

➡❺：○　哲学・倫理学・宗教学などを生かせる職業は、ここで提示された行政機関以外にも、研究者、高校公民科教員、シンクタンク、NGO・NPO職員などさまざまです。

コシバからのアドバイス

　学部・学科の特徴にかかわるやや専門的な質問については、大学が発行するパンフレットや、大学が公開している公式サイトから情報を得て、関心分野・関連学問の輪郭をつかんでおくことが大切です。

第 7 節 個人面接

テーマ 03 国文学系・日本語系・日本文化系の面接

重 要 度 ★★★★★

設　定

試験官	A：進行役／B・C：細かい質問役
受験生	D さん：平安時代の日本文学を学びたい。
試験時間	10 分

この面接での志望理由以外の質問

◆関心分野の魅力を広く伝えるには／入学後の学び／卒業後の進路

面接の事例

試験官 A　①平安時代の文学に関心があるということですが、その魅力を広く高校生に伝えるとしたらどう工夫しますか。

D さん　②『源氏物語』のような宮廷文学がもつ非日常性の魅力を強調したいと思います。

試験官 B　③その「非日常性」をもっとくわしく説明してください。

D さん　④登場人物が庶民ではないこと、1000 年前という大昔が舞台となっていることです。

試験官 C　⑤なるほど。でも、あまりに非日常的すぎてその魅力が理解されないのではありませんか。

D さん　⑥権力の駆け引きと恋の駆け引きというロマンスもあり、いまどきの韓国ドラマにも負けていないことを力説します。

試験官 A　⑦●●教授のゼミに参加したい理由は何ですか。

D さん　はい。⑧同時代の中国文学やヨーロッパの宮廷文学との比較研究に関心があるからです。関連して、第 1 外国語の英語と第 2 外国語の中国語に加えてラテン語も履修したいと考えています。

試験官B　それらを生かした卒業後の進路として考えているのは何ですか。

Dさん　　<u>比較文学研究を深めるための大学院進学か、日本の古典文学の魅力</u>
❾
　　　　　<u>を海外にも発信する仕事として出版・メディア系への就職のいずれか</u>
　　　　　<u>を考えています。</u>

試験官A　よくわかりました、お疲れさまでした。

回答へのコメント

➡❶：志望理由書の記述にもとづきつつ、少しヒネリが加わった質問です。
　　　しかし、じつはよくなされる質問パターンです。

➡❷：○　『源氏物語』という例示と「宮廷文学がもつ非日常性」という印
　　　象的な表現が、グッド。

➡❸・❺：回答に対して試験官が踏み込んで質問してくるのは、受験生に
　　　興味をもった証拠です。

➡❹・❻：◎　立て続けに質問されても適切に回答できています。

➡❼：こちらも、❶と同様、志望理由書の記述にもとづく質問です。

➡❽：○　具体的に回答できています。試験官がさらに踏み込んで質問し
　　　てくることを想定し、入念に準備しておきましょう。

➡❾：△　大学での学びを生かした「卒業後の進路」が示せています。た
　　　だし、「日本の古典文学の魅力を海外にも発信する」とは具体的にどう
　　　いうことかという点まで説明できれば申し分ありませんでした。

コシバからの
アドバイス

　　　　個人面接における質問の多くは、受験生があらかじ
　　　め提出している志望理由書の内容にもとづいてなされま
す。また、面接を担当する試験官が複数いる場合には、試験官によっ
て「北風タイプ＝厳しめ」や「太陽タイプ＝やさしめ」のように役割
分担が決まっていることもあります。

テーマ 04 メディア系・情報文化系の面接

重要度 ★★★★★

設定

試験官	A：進行役／B・C：細かい質問役
受験生	D さん：メディアについて勉強し、将来はマスコミに進みたい。
試験時間	10分

この面接での志望理由以外の質問

◆卒業後の進路／入学後の学び

面接の事例

試験官 A　本学での研究計画を話してください。

D さん　　はい。₁メディアやマス・コミュニケーションにかかわるものとして、貴学カリキュラムに含まれる「統計の調査法と分析法」「インタビュー実習」を受講したいと考えています。また、卒業論文でも、フィールドワークや取材の方法論を取り入れたいと考えています。

試験官 B　₂将来はラジオ放送局への就職を考えているとのことですが、メディアに関係するどのようなテーマで調査やインタビューを行いたいと考えていますか。

D さん　　はい。₃現代のラジオの役割に関する意識調査です。年齢別・男女別・所得水準別・地域別の差異と変化を調べるつもりです。過去の調査結果も踏まえ、ネットラジオに関連する項目を立てて調査を実施したいと考えています。

試験官 C　₄「ネットラジオに関連する項目」とは、具体的にはどのようなものですか。

Dさん　　　はい。2つあって、<u>1つ目はネットラジオの利用頻度に関する項目、</u>
　　　　　　<u>2つ目は災害時におけるネットラジオの活用実態に関する項目です。</u>

試験官B　ラジオ局への就職をそういう点から考えているのですね。

Dさん　　　はい。<u>ネット時代のラジオの可能性を模索していきたいと考えています。</u>

回答へのコメント

➡**❶**：○　志望校、とくにメディア系・情報文化系の特徴を踏まえて回答できています。

➡**❷・❹**：志望理由書の記述、および受験生の回答を踏まえた「深掘り質問」です。

➡**❸・❺**：○　その「深掘り質問」に対して具体的な内容が回答できています。ネットには、災害発生時に素早く情報を届けることができるという長所がある一方、放送局を通さないため人びとのあいだにデマ情報が広がる可能性を排除できないという短所もあります。その点ラジオ局によるネット放送には、希望がもてます。

➡**❻**：○　「研究計画」と「将来像」がかみ合っていて、グッド。もともとネットには人と人とをつなぐ役割が期待されていたはずなのに、結果として人びとを分断して対立をあおり、異なる意見を排除するという方向に進んでしまいました。

コシバからの
アドバイス

　　　面接では、踏み込んだ厳しめの質問である「深掘り質問」をされる場合があります。しかし、試験官がこのような質問を投げかけてくるのは、けっしていじわるをしたいからではありません。試験官の役割としてそう尋ねているだけです。そのような質問を受けたからといって、短絡的に「いじわるだな」とか「これで不合格だ」などと考えず、落ち着いて回答しましょう。

第7節 個人面接

テーマ 05 美学系・芸術学系の面接

重要度 ★★★★★

設　定

試験官	A：進行役／B・C：細かい質問役
受験生	Dさん：映画や演劇の研究に関心がある。
試験時間	10分

この面接での志望理由以外の質問

◆入学後の学び

面接の事例

試験官A　芸術学のなかでも映画や演劇に興味をもっているとのことですが、本学のどのような講義に関心がありますか。

Dさん　　①貴学への志望理由は美学美術史や映画・演劇分野の専門家が在籍されている点にありますので、映画学・演劇学を担当されている●●教授や▲▲教授の講義に注目しています。講義のなかで実際に映画や演劇を見る機会もあるそうなので、楽しみです。また、ギリシャ・ローマ時代の古典作品を扱う講義にも注目しています。

試験官B　古典作品に関心があるのはなぜですか。

Dさん　　②最大の関心テーマである現代映画・演劇の源流がヨーロッパの古典作品にあるからです。

試験官C　現代映画・演劇のなかでは、どういうものに関心がありますか。

Dさん　　……③アニメ映画と、アニメの世界観を表現したテーマパークに興味があります……貴学の公式サイトで芸術学科の学生が書いた卒業論文テーマの一覧を見まして、そのなかにアニメ映画とテーマパークを題材にしたものがありましたので、「そういう研究もできるのか」と貴学

に興味をもちました。

試験官C　「カルチュラル・スタディーズ」という学問を知っていますか。

Dさん　知りません。勉強不足でした。

試験官C　ちょうどあなたが取り組みたいと思っている学問分野ですよ。

回答へのコメント

➡❶：○　芸術学を学べる大学である志望校の特徴を踏まえて回答できています。

➡❷：◎　「深掘り質問」にも正確に対応できています。ヨーロッパにおける演劇の源流は、ギリシャ神話の英雄譚（えいゆうたん）であるギリシャ悲劇にあります。あのアリストテレスも、ギリシャ悲劇の構成要素を分析しているのですよ。

➡❸：○　歯切れは悪いものの、なんとか回答できています。面接では、話す内容だけでなく、試験官からの質問に真剣に答えようとする姿勢も大切です。

➡❹：関心分野の知識に関する「深掘り質問」ですね。

➡❺：✕　残念。しかし、知らないことに対して勉強不足を認めた点は潔くてよいと思います。もっとも、推薦・総合型は総合評価ですから、面接での減点だけで不合格になることはありません。

前提知識はこれだ 🌸

カルチュラル・スタディーズ：直訳すれば「文化研究」「文化的なものの研究」。研究対象には、従来であれば学問の対象として扱われることがなかった大衆文化・娯楽なども含まれる。なお、「表象文化論（ひょうしょう）」と呼ばれる学問分野も、映画などの大衆文化・娯楽を対象としている。

第**7**節 個人面接

テーマ 06 保育系・幼児教育系・福祉系の面接

重要度 ★★★★★

設 定

試験官	A〜C
受験生	Dさん：障害児の成長にかかわる学問に関心がある。
試験時間	10分

この面接での志望理由以外の質問

◆卒業後の進路

面接の事例

試験官A 本学入学後にはどのようなことを学びたいと考えていますか。

Dさん ①発達心理学など、子どもの成長にかかわる心理学に強い関心があります。また、障害児とその保護者へのサポートもできるようになりたいと考えています。貴学ではそのテーマに対応する講義が開かれていますので、受講したいと思います。

試験官B ②通常の保育・幼児教育に加えて、障害児とその保護者へのサポートを行うのは大変ですよ。本当に対応できますか。

Dさん はい、③これまで複数の保育所・幼稚園で職場体験に参加してきましたが、いずれも障害児を受け入れている施設で行いました。貴学では、理論修得と実習を通じて、保育・幼児教育の専門家として活躍できる実力を身につけたいと考えています。とくに「障害児童発達論」の講義と、外国の保育・幼児教育の現状を学ぶ講義に注目しています。

試験官C ④職場体験から学んだことは何ですか。

Dさん ⑤保育・幼児教育にはたくさんの種類の仕事があること、専門スタッフの絶対数が不足していることです。また、障害児へのフォローには

地域社会の理解や協力も必要だということです。

試験官B　⑥そのほか、保育関連でどのような問題意識をもっていますか。

Dさん　　⑦重要な仕事でありながら、保育士の賃金が全労働者平均よりも低く、
離職率が高いことです。貴学でその改善策を考えるつもりです。

回答へのコメント

➡❶：◎　自分が志望校で取り組みたいことと大学の特徴が「マッチング」していて、グッド。

➡❷：受験生の本気を試している質問です。真剣に受け止めましょう。

➡❸：○　❷の厳しい質問に臆せず答えられていて、グッド。この分野における職場体験への参加実績は大きなアピールポイントです。

➡❹：職場体験の成果に関する「深掘り質問」です。

➡❺：◎　関心分野に対する「問題意識」が表れていて、グッド。

➡❻：❺の回答がすぐれていたため、追加質問が繰り出されています。

➡❼：○　保育・幼児教育従事者の低賃金は深刻な問題です。2021年に、政府はこの分野の従事者賃金を月額で約5,000円程度上げると発表しました。まだまだ金額としては十分ではありませんが、このように、政府による取り組みが実施されてはいます。

コシバからのアドバイス

　この分野における学びの柱は実習です。しかし、その点だけを強調するのは不十分であり、理論修得や政策に関する知識まで取り上げる必要があります。志望校と志望校以外の大学のパンフレットや公式サイトなどから情報を得て、理論修得が可能な専門科目の種類を把握しておきましょう。

第 8 節　集団面接

テーマ 07　外国語系・外国文学系・国際系の面接

重要度　★★★★★

設　定

試験官	A：進行役／B・C：細かい質問役
受験生	● D さん：英米文学に関心があり、翻訳家志望。 ● E さん：フランス語とフランス文化に関心がある。 ● F さん：国連職員など国際公務員志望。
試験時間	30 分

この面接での志望理由以外の質問

◆過去の海外体験／日本から世界への発信

面接の事例

試験官 A　面接試験を開始します。3 人とも海外経験をおもちですので、海外経験についてそれぞれ感想を述べてください。まず、D さんから。

D さん　高 1 のときにホームステイを経験し、①コアラやカンガルーをたくさん見てきました。しかし、②何より「乾燥大陸」の名のとおり、水をめぐる生活文化が日本とは対照的である点が印象的でした。

試験官 B　困ったこともありましたか。

D さん　はい。食器洗いでも水はほとんど流しません。③日本のように自由に水を使う文化が存在しない点にカルチャーショックを受けました。

試験官 A　では、次に、E さんどうぞ。

E さん　はい。高 2 のときに、カナダへの短期語学留学を経験しました。英語の語学留学だったのですが、④そのときに、カナダにはケベック州のようにフランス語を公用語とする地域があると知りました。1 つの国に複数の公用語があることと、フランス語文化圏に属する国がフラン

<u>ス以外にもあることに強い関心をもちました。</u>

→p.204に続く

回答へのコメント

➡❶：✕　大学での学びにまったく結びついていない回答であり、あまりに稚拙すぎます。

➡❷：◯　ああ、よかった。この話題ならOKです。

➡❸：◯　自国文化のあり方が当たり前ではないという気づきが述べられていて、グッド。

➡❹：◯　カナダにおける文化的発見の内容に触れられていて、グッド。

　カナダは米国の隣国である点から英語圏の国というイメージが強めですが、カナダの公用語は英語とフランス語の2つです。とくに、ケベック州はフランス語だけを公用語として定めています。カナダからの分離・独立を求める動きが強い地域です。

　世界には、複数の公用語をもつ国がいくつかあります。

　ベルギーは、オランダ語（フラマン語・ゲルマン語派の言語）、ドイツ語（ゲルマン語派の言語）、フランス語（ラテン語派の言語）の3言語共同体です。「ベルギー語」というものは存在しません。

　スイスは、ドイツ系が多い国ですが、ドイツ語だけが公用語ではありません。ほかにも、フランス語、イタリア語（ラテン語派の言語）、ロマンシュ語（ラテン語派の言語）を公用語とする4言語共同体です。「スイス語」というものは存在しません。

→ p.203から続く

試験官B　そこからフランス語やフランス文化に関心をもったのですね。

Ｅさん　　はい、フランスはフランス語を誇りにしていて、英語への対抗意識をもっています。既存のフランス語文化圏以外の国にフランス語を広げようとする活動にも興味があります。翻って、その活動は、日本語を海外に発信する際の参考にもしたいと考えています。

試験官A　では、Ｆさん、お願いします。

Ｆさん　　はい。私は高校の修学旅行を兼ねた短期語学留学で米国ニューヨーク州のハイスクールに２週間通いました。そこでは、日米関係というテーマや、国際社会における日米の役割というテーマでほかの生徒と討論しました。また、マンハッタン島にも行き、同時多発テロ事件で倒壊した世界貿易センタービルの跡地と、将来職員として勤務したいと考えている国際連合の本部ビルを見てきました。

試験官C　討論ではどのような意見のやり取りがありましたか。

Ｆさん　　ほかの生徒からは、日本はもっと存在感を示すべきではないかという意見が出たため、私からは、日本の国連通常予算における分担金額の大きさ、ODA（政府開発援助）における支援金額の大きさを主張しましたが、日本のODAの問題点について指摘を受けました。

試験官C　よくなされる反論ですね。

Ｆさん　　はい。そこで、米国によるアフガニスタン戦争とその失敗、および日本の中村哲医師の貢献を強調しました。

試験官A　日本からの発信や日本の国際貢献という点で、ＤさんやＥさんから意見はありませんか。

Ｄさん　　（挙手して）先ほど、Ｅさんからフランス語を参考にした日本語の発信というお話がありましたが、私は、英米文学を学びたいという立場から、日本の文学に関する情報発信と、文学と同様にすぐれた漫画やアニメの英訳による情報発信を挙げます。

→ p.206に続く

➡️**❺**：〇　自分の関心分野について入念に調べてきたことがわかる回答です。日本語についての言及もグッド。

➡️**❻**：〇　短期語学留学期間中の真剣な姿勢がアピールできています。

➡️**❼**：◎　討論の内容が詳細に説明できていて、グッド。

　なお、日本は、国連通常予算における分担金額も分担率も上位にあり、2020〜2022年の期間では分担金額も分担率も米国、中国に次ぐ世界第3位です。常任理事国である英国・フランス・ロシアより上位にいるのです。**ODA**（政府開発援助）は、先進国政府が貧困国・発展途上国へ資金提供を行い、産業育成と教育振興に貢献するしくみです。2021年における日本のODA実績は、ドルベースで米国、ドイツに次ぐ世界第3位です。以上のように、日本は金額面では十分に国際貢献を果たしていると言えますが、ODAにおける提供資金が贈与ではなく貸付中心である点などが批判を受けています。

➡️**❽**：◎　中村哲氏は、最初に派遣されたパキスタンで政府から圧力をかけられたためパキスタンを退去し、移動したアフガニスタンにおいて医療活動のほか、用水路の整備、教育の普及などに尽力した医師です。2019年、現地で武装集団に襲撃されて亡くなりました。

　アフガニスタン戦争は、2001年9月11日に米国で発生した同時多発テロ事件の首謀者であるウサーマ・ビン・ラーディン（オサマ・ビンラディン）をイスラーム原理主義武装勢力であるタリバンがかくまっているとして、アフガニスタンのタリバン政権に対して米国が起こした軍事攻撃です。米国は、タリバン政権を一掃し新政府を樹立しますが、その後も新政府は安定せず戦闘状態が続き、米軍は撤退を決定します。しかし、米軍の撤退がほぼ完了した2021年にタリバンが首都カブールを制圧したことによって政府が事実上崩壊し、結果的に戦争が終結しました。

➡️**❾**：〇　ほかの発言者からの意見が踏まえられていて、グッド。

→ p.204から続く

Ｅさん　（挙手して）⑩フランスによる取り組みは、フランス語保護政策だけでなく、料理やファッションなどの文化面における発信も参考になります。日本政府も、「クールジャパン」という戦略に予算をつけています。ただアニメ・漫画・ゲーム以外のコンテンツも発掘すべきだと思います。

Ｆさん　（挙手して）⑪あらためて国連における日本の貢献について述べますと、国連職員の専門職以上の日本人スタッフが少ないという状況があります。国連通常予算における分担金額も分担率で日本が上位グループに入っているという実態との乖離（かいり）が気になります。そこで私は、国際関係学の学位を取得し、国連職員になりたいと考えています。

試験官Ａ　ちょうど卒業後の進路に関する話題が出ましたね。Ｄさんは、卒業後の進路をどう考えていますか。

Ｄさん　はい。⑫翻訳の仕事に関心があります。英米文学のすぐれた作品を学びながら、オーストラリアやニュージーランドなどの英語圏作家の作品を紹介したいと考えています。また、⑬先ほど述べましたとおり、日本の現代作品の英訳に携わりたいという気持ちもあります。

試験官Ａ　Ｅさんはどうですか。

Ｅさん　はい。⑭語学力や文化交流の知識が生かせる仕事を選びたいので、航空会社、旅行会社、商社などへの就職を考えています。また、日本人が海外に出ていくという視点だけでなく、海外の人を日本に呼び寄せるという視点もあわせてもちたいと考えています。

➡⓾ : ◯　学問への関心と勉強で身につけた知識にもとづいて意見が言えていて、グッド。「クールジャパン」は、日本の伝統文化やファッション、アニメなどを世界に発信するために政府が推し進めている戦略です。

➡⓫ : ◯　身につけた知識が示せていて、グッド。ここでは国連における日本の存在感についてややネガティブな情報を述べていますが、その一方、国連関係機関の日本人職員数は増加傾向にあり、そのうち女性比率は6割です。このように、明るい兆しも見えています。

➡⓬ : ◎　英国文学・米国文学以外にも英語圏で発表された作品が存在するという点を指摘できていて、グッド。英米の古典作品にはすでに日本語訳の名訳が多数ありますから、このように、英米以外の英語圏の国で発表された作品の翻訳に注目するのはとてもよい視点です。

➡⓭ : ◯　先ほど述べた自分の発言を繰り返すことによって、学ぶ意欲を強くアピールすることに成功しています。

➡⓮ : ◯　国内から海外への視点と海外から国内への視点の両方が提示できていて、グッド。複眼的思考の持ち主であることがアピールできています。

前提知識はこれだ

フランスにおけるフランス語保護政策：フランスは、ツーボン法という法律にもとづき、フランス語の保護と国際的地位向上に努めている。他言語の使用を直接的に禁止しているわけではないものの、本社を米国に置く企業のフランス支社が社内で英語を優先的に使用していたことに対して罰金刑を科すなど、政治的圧力が及ぶ事例も見られる。

第 8 節　集団面接

テーマ 08　教育系の面接

重要度 ★★★★★

設　定

試験官	A：進行役／ B・C：細かい質問役
受験生	● D さん：大学のある県内の高校生。小学校教員志望。 ● E さん：大学のある県内の高校生。中学校社会科教員志望。 ● F さん：県外の高校生。高校の英語教員志望。
試験時間	30 分

この面接での志望理由以外の質問

◆卒業後の進路

面接の事例

試験官 A　では、①本学の志望理由を聞きます。D さんからお願いします。

D さん　　はい。②県内の小学校教員をめざしていますので、地元にある国立大で教員養成課程をもつ貴学以上の選択肢はないと考えて志望しました。また、③在籍している高校の先生にも貴学を薦められました。

試験官 A　……はい……では、E さんはどうですか。

E さん　　④私は、県内出身で県内の教員をめざしているため、貴学を志望したという点では、先の D さんと同じです。加えて、⑤貴学独自の「1,000時間体験学修プログラム」に強い魅力を感じて志望しました。

試験官 A　では、F さん。

F さん　　はい。⑥私は、他県出身です。卒業後は出身県で教員になることを考えていますが、あえて大学 4 年間は県外に出ることによって、地元の教育上の「問題発見」「問題解決」ができるのではないかと考え、貴学を志望しました。

→p.210に続く

回答へのコメント

➡❶：教育学部、とくに教員養成課程をもつ教育学部を志望する受験生の「将来像」がたいてい「教員」だということはわかっています。したがって、面接では、どのような教員になりたくてどのようなことを学びたいのかを、「志望校が最適である理由」とともに具体的に話すことが重要です。

➡❷：△　たしかに、県内の教員志望であれば地元の国立大であるこの大学への進学が最適でしょう。一方で、カリキュラムや学習プログラムにおける志望校独自の特徴もつかんでおきましょう。

➡❸：△　たしかに、高校の先生が生徒に地元の大学への進学を勧める傾向にあることは事実です。しかし、❷と同様、志望理由がやや受け身であるという印象を与えます。

➡❹：○　ほかの受験生による発言を踏まえ、その発言との異同に触れている点がグッド。

➡❺：◎　他校と異なる、志望校における教育プログラム上の独自性・特徴が指摘できていて、グッド。

➡❻：○　「問題発見」「問題解決」の視点が含まれていて、グッド。

コシバからのアドバイス

　教育学部をもつ大学、および教員養成課程をもつ大学は、国立大・公立大・私立大とも全国各地に存在します。そのため、志望校独自の特徴を強く意識することが必要です。これらは、志望校以外のパンフレットを取り寄せること、公式サイトを見ることによって、事前に比較して把握しておきましょう。

　また、そのように特徴的なカリキュラム・プログラムについては、面接で質問される場合があります。志望校のカリキュラム上の特徴をしっかり説明できるよう、入念に準備しておきましょう。

→p.208から続く

また、 貴学は旧制の師範学校以来の伝統をもち、他県出身者も多く
在籍しています。多彩な考えをもった教員志望者と出会える点にも魅
力を感じます。

試験官A　先にEさんが触れてくれた「1000時間体験学修プログラム」は、本
学部の一大特徴です。学内の正規授業以外に、卒業までに1,000時間
ぶん、教育に関連する主体的体験を積むというしくみです。みなさん
はどう活動しようと考えていますか。では、Eさんから。

Eさん　はい。 地元で学童保育を担当しているNPO法人にボランティアとし
て参加したいと考えています。

試験官B　なぜNPOに参加したいのですか。

Eさん　はい……（うつむいて考え、言葉を整理してから顔を上げて）……
学校や、学び以外にも地域の子どもたちの問題について知りたい、
また教員以外で子どもたちに真剣に向き合っている人たちのお話を聞
きたいと考えているからです。

試験官B　わかりました。

試験官A　では、Dさんはどうですか。

Dさん　はい。 外国出身の子どもたちに日本語を教える貴学内のサークルに
入りたいと考えています。

試験官C　どうしてですか。

Dさん　この県では外国人労働者が増えています。その家族、とくに子ども
が言葉の壁で地域になじめなかったり、学校の教育についていけな
かったりするという事態が起きているようです。将来の小学校教員と
して、このことを見過ごせない問題だと考えているからです。

試験官A　そうですね。では、Fさんはどうですか。

Fさん　まだ具体的には考えていません。大学入学後に考えようと思ってい
ました。それでは遅いでしょうか。

→p.212に続く

➡❼：○　大学の特徴を正確に理解していることが伝わる回答です。

➡❽：○　具体的であり、グッド。

➡❾：○　即答ではなく、少し間をとって言葉を整理することはよいで
しょう。早押しのクイズ番組ではありませんから。また、回答が「問
題発見」「問題解決」の意識とつながっている点もグッド。

➡❿：◎　志望校の情報を入念に調べていることが伝わる回答です。教育
系や医療福祉系には、社会貢献を果たしているサークルがいくつかあ
ります。

➡⓫：○　❷・❸でのやや受け身の志望理由とは打って変わって積極的で
あり、しかも❻や❾と同様、「問題発見」「問題解決」の意識に結びつ
いていて、グッド。

➡⓬：△　❻ではすばらしい回答を述べたＦさんも、こちらの準備は不十
分だったようです。試験は志望理由書、小論文などとあわせてトータ
ルで判定されるので、面接での評価だけでは決まりません。したがっ
て、たとえ特定の質問への回答がやや不十分であっても、意気消沈す
る必要も自暴自棄になる必要もありません。このあとも冷静に対応し
ましょう。

前提知識はこれだ

教員養成課程：教員養成課程をもつ教育学部では、教員免許を取得するこ
とが卒業の要件である。したがって、志望理由書や面接で「教員免許を
とるために一生懸命勉強します」などと述べることは的はずれである。
教員免許は、目標ではなく前提である。この場合には、免許取得につい
てではなく、どのような教員になりたいのかという「将来像」について
話すべきである。

→ p.210から続く

試験官C　入学後でも遅くはありませんが、いまのうちから考えておくことを勧めます。

試験官A　次は、なりたい教員像について。どなたからでもけっこうです。

Dさん　　（手を挙げて）私は、それぞれの児童に寄り添うことができる小学校教員をめざしています。

試験官B　児童に「寄り添う」とはどういうことか説明してください。

Dさん　　はい。児童はみな、個性も得意なことも不得意なことも家庭の問題もそれぞれ異なります。先ほど触れたように、母国語が日本語ではない児童もいます。「寄り添う」とは、児童ごとに適した指導やクラス運営を行うということです。

試験官C　学校の先生は多忙ですが、そのようなことができますか。

Dさん　　できると思います。そのために、貴学の授業と「1000時間体験学修プログラム」で鍛え、教員になってからも自分を成長させ続けます。

試験官A　ほかの方はどうですか。

Eさん　　（挙手しながら）私は、中学の社会科教員を志望しています。とくに歴史分野が好きで、生徒から歴史への興味や関心を引き出せるよう、歴史を学ぶ楽しさや、歴史から学ぶ重要性を伝えたいと考えています。

試験官C　なぜ文学部歴史学科を志望しなかったのですか。

Eさん　　じつは、迷いました。しかし、歴史の専門家をめざすよりも、生徒に歴史を学ぶ意義を理解してもらうエキスパートをめざすほうが自分には向いていると考えました。また、私自身、そうしたすばらしい社会科の先生に出会ってきました。

試験官A　では、Fさんはどうですか。

Fさん　　英語でのオーラル・コミュニケーション能力を高めるよう工夫できる英語教員になりたいと考えています。

試験官A　終了時間となりました。ここまでとします。お疲れさまでした。

➡⑬：△　すぐに挙手するという積極姿勢はグッド。一方、「寄り添う」という言葉を、「絆」などと同様に、内容が空虚な常套句として使っている点はいただけません。「寄り添う」は、近年よく聞かれる言葉であり、志望理由書でも頻繁に見かけるようになりました。使ってはいけないわけではありませんが、陳腐です。もし不用意に使ってしまったら、そのあとで言い換えましょう。

➡⑭：○　「寄り添う」を自分なりに言い換えられています。

➡⑮：○　食い下がって回答しようとする姿勢がグッド。

➡⑯：○　高圧的に「教えてあげる」のではなく、「興味や関心を引き出せる」教員像が示せていて、グッド。education（「教育」）の語源は、「引き出す」という意味のラテン語 *educare* ですからね。

➡⑰：◎　教育学部でなければならない必然性が述べられており、グッド。

➡⑱：○　会話力が重視されるオーラル・コミュニケーションの授業は中高一貫校での実施が中心であり、そうでない高校との格差が開いています。また、オーラル・コミュニケーションの授業はネイティブスピーカーである ALT（外国語指導助手）が多数いる都市部の高校に有利であり、カリキュラム面や学習環境面に恵まれていない地方の高校は不利だと言われています。地方の高校生が取り組むためには、なんらかの工夫が必要です。その工夫に関する内容について具体的に説明できるよう、事前に準備しておきましょう。

テーマ 09 歴史学系・考古学系・地理系の面接

重要度 ★★★★★

設 定

試験官	A：進行役／ B・C：細かい質問役
受験生	● D さん：西洋の近現代史に関心がある。 ● E さん：古代史や考古学に関心がある。 ● F さん：人文地理学に関心がある。
試験時間	30 分

この面接での志望理由以外の質問

◆卒業後の進路／社会への貢献・学問への貢献

面接の事例

試験官 A　では、面接試験を始めます。まず、大学で学びたいことの社会的意義や学問的意義についてどう考えているのかをうかがいます。

E さん　（挙手して）私は、古代史や考古学などによって先史時代を解明していくことに関心があります。これらの研究は、現代社会にすぐ貢献するとは言えません。しかし、天文学などと同様、この世界や人間の営みを根源から知りたいという学問探究には貢献するものと考えています。

試験官 B　日本の古代史ですか。

E さん　はい。貴学の考古学専攻は日本の石器時代の発掘について数多くの実績を上げているため、貴学を志望しました。

D さん　（挙手して）私は西洋史学専攻を志望しており、とくに近現代史に関心があります。近代に入ってから、日本は世界史・西洋史と接点をもち始めます。また、現在の国際情勢を理解するためには近代以降の歴史の理解が欠かせません。近現代史は、現代の国際政治・経済・文化

の理解に貢献する学問分野だと思います。 →p.216に続く

回答へのコメント

➡**❶**：◎ 人間が人間自身を知ろうとする探究心は、人間にとって本質的な知的欲求です。その点が指摘できていて、グッド。

「税金を使って研究するならば、過去なんて振り返らず、現代社会・国家・政府にいますぐ貢献する研究を優先すべきだ」という意見はきわめて一面的です。学問には即効性はありません。その代わり、長い期間をかけて現代社会・国家・国民に貢献します。

大学の起源である西欧中世の *universitas* は、学ぶ者と教える者の組合（union）であり、国家や国籍を超えた存在として独立性を保っていました。米国に、一部の特殊な学校を除いていまでも国立大がないのは、学問の国家からの独立性を維持するためです。

➡**❷**：〇 考古学が学べる大学は限られます。志望校が考古学のどの分野で実績を上げているのかを事前にしっかり調べておきましょう。

➡**❸**：〇 近現代史を学ぶ意義がうまく述べられています。この回答以外にも、歴史を学ぶ意義はさまざまに述べることが可能です。みなさんもそれぞれ準備の過程で、「自分ならこう述べる」というビジョンを描いてください。その際には、複数の大学のパンフレットと公式サイトに目を通しましょう。

なお、歴史にまつわる著名人の言葉には、「歴史とは現在と過去との絶え間ない対話である」（歴史学者カー）、「愚者は自分の経験に学び、賢者は歴史に学ぶ」（政治家ビスマルク）、「過去に対して目を閉じる者は、現在を見る目をもたない」（元ドイツ大統領ヴァイツゼッカー）、「史料は太鼓のようなものでだれかがたたかなければ音は出ない、すなわち、問題意識をもって史料に問いかけない限り答えてくれない」（歴史学者ブロック）などがあります。

→p.215から続く

試験官C　近現代史のなかで、とくに関心のある地域や国はありますか。

Dさん　　ドイツです。日本による近代国家建設にあたってモデルとなった国であること、第二次世界大戦後、敗戦国としての歩みがいくつかの点で日本とは対照的であることから、強い関心があります。

試験官C　わかりました。

試験官A　では、Fさんはどうですか。

Fさん　　私は地理学専攻志望です。考古学や歴史学が通時的な視点から現代を理解する学問である一方、地理学は共時的な視点、つまり「ヨコ」の視点から自国と世界との関係をとらえる学問です。また、自然環境と、産業や都市などの人工環境の両方を対象とする学問でもあるので、環境問題や持続可能な開発目標という現代の課題にも応えられると、私は理解しています。

試験官A　よくわかりました。次に、本学で注目している授業を挙げてください。

Fさん　　（挙手して）はい。私は、●●教授の論文が収録されている『都市空間の地理学』を読んで感銘を受けたため貴学を志望しましたので、●●教授の都市社会地理学の授業に注目しています。東京で行われるフィールドワークにも参加したいと考えています。日本の都市とアジアのほかの都市、欧米の都市との比較研究に強い関心があります。また、人文地理学以外にも自然地理学、気象学、生態学などの授業もあるので、これらをバランスよく受講したいと考えています。

試験官B　東京という街の特徴はどのようなところにあると考えますか。

Fさん　　家、ビル、区画が絶えず新しいものに置き換わるというスクラップ・アンド・ビルドです。

→p.218に続く

➡❹：○　大日本帝国憲法（明治憲法）は、ドイツのプロイセン憲法を手本としました。そのほかにも、明治時代の日本は、ドイツから化学、医学なども学びました。第二次世界大戦後に復興を遂げて経済大国になったという点、国民性が勤勉とされる点などでは、日本とドイツには共通性があります。しかし、戦争責任の果たし方、近隣国との関係づくりなどの点では、日本とドイツは大きく異なります。

➡❺：○　地理学の特徴を正確にとらえられています。考古学と同様、地理学を学べる大学も限られています。面接対策として、地理学そのものの特徴と志望校の特徴の両方を入念に調べておきましょう。また、おもに文学部にある地理学（人文地理学）と、おもに理学部にある地理学（自然地理学・地質学）との共通点と相違点もそれぞれ理解しておきましょう。

　ちなみに、人類学についても、文系に分類されることが多い文化人類学・社会人類学と、理系に分類されることが多い人類学（生物学の一種）とでは大きな違いがあります。

➡❻：◎　読んだ本に触れている点、志望校のカリキュラムに触れている点がグッド。地理学専攻で学べる領域はとても広いので、面接では興味の核心部分を説明することが重要です。

➡❼：◎　地理学志望にふさわしい回答です。東京という都市の性格を正確にとらえています。

→p.216から続く

試験官B　たしかに、そういう面はありますね。

試験官A　では、ほかの方、どうぞ。

Dさん　（挙手して）ドイツ史が専門の●●教授の演習を受講し、いつかは●●教授から指導を受け、日独戦後比較をテーマとする卒業論文を書きたいと思います。また、歴史学という学問の方法や歴史の意味についても考えたいので、▲▲教授の「歴史の哲学」の授業にも興味があります。

試験官C　それらの分野に関する本は何か読みましたか。

Dさん　はい。野家啓一氏の『歴史を哲学する』と入江昭氏の『歴史を学ぶということ』を読みました。予備校の先生から薦められたポパーの『開かれた社会とその敵』は、貴学入学後に読むつもりです。

試験官A　では、Eさんはどうですか。

Eさん　はい。発掘・フィールドワークに注目しています。そのために、考古学の研究方法をしっかり学びたいと思います。◆◆教授の「考古学の方法論」の授業や、■■教授の「文化財学」の授業はぜひ受講したいと考えています。

試験官B　それらの分野に関する本は何か読みましたか。

Eさん　はい。◆◆教授の本は読みましたし、ほかには阿部芳郎氏の『考古学の挑戦』も読みました。この本で紹介されている石器や土器の再現実験、物理学や化学の手法を使った年代測定法に感銘を受けました。

試験官A　それぞれ手短に、卒業後の進路を話してください。

Dさん　歴史を学ぶ意義が伝えられる社会科教員をめざしています。

Eさん　大学院博士課程まで進学し、考古学の研究者をめざします。

Fさん　地理学の知識を生かして公務員になり、まちづくり・都市計画に携わりたいと考えています。

試験官A　ありがとうございました。以上で面接を終了します。

回答へのコメント

➡⑧：○　歴史学は、各国史・地域史や時代区分などとは別に、歴史そのものの意味を扱います。歴史学は、現在の自分たちにとって都合の悪い歴史的事実や、自分たちの考え方から認めたくない歴史的事実をなかったことにしたり改変したりしようとする「歴史修正主義」という反知性的態度に抵抗するためにも重要です。

➡⑨：○　関心分野に該当する本を具体的に挙げている点がグッド。

➡⑩：○　大学での学びにつき、焦点が絞れていて、グッド。

➡⑪：◎　読んだ本のどこに興味をひかれたかが明確に説明できていて、グッド。

➡⑫〜⑭：○　3人とも、「手短に」という要求に沿って、各人が考える「卒業後の進路」を簡潔に、それでいて一歩踏み込んだ自らの展望を話せています。

第4章　人文・教育系面接の実況中継

第 **9** 節　討論・ディベート

テーマ **10** 「賛成」と「反対」に分かれた集団討論

重要度 ★★★★★

設　定

試験官	A：進行役
受験生	●Bさん・Cさん・Dさん：賛成論側 ●Eさん・Fさん・Gさん：反対論側
試験時間	30分

この面接での志望理由以外の討論

◆他人に迷惑をかけなければ何をしてもかまわないか。

討論の事例

試験官A　では、集団討論を始めます。<u>賛成論側と反対論側に分かれて議論する形式です。</u>① まず、賛成論側からそれぞれの意見を述べてもらい、反対論側からは提出された意見への反論を述べてもらいます。その後、賛成論側からの再反論、反対論側からの新規の意見提出という流れでいきたいと思います。賛成論側から挙手して意見を述べてください。

Bさん　（挙手して）まず、<u>教育の視点から。</u>② <u>学校のブラック校則が問題視されています。私は、他人に、つまり、学校内の生徒や先生たちに迷惑をかけない限り、服装や髪形の自由などを認めるべきだと思います。</u>③ これは、生徒の主体性を育てるという点でも重要だと思います。

Cさん　（挙手して）<u>私は、文学や美術表現の視点から賛成の立場を表明します。</u>④ 漫画や映画などを含む表現の自由や、研究などを含む学問の自由があります。表現の自由と学問の自由は、他人に迷惑をかけない限り、つまり他者危害にならない限り最大限に尊重されるべきです。

→ p.222に続く

回答へのコメント

➡❶：参加者自身による自説や持論とは無関係に賛成論側と反対論側へ機械的に振り分けられ、それぞれの立場から意見を出し合う「集団討論」という形式があります。この形式では、通常は討論の勝ち負けを決めません。議論の流れによってはどちらかが優勢になるということはあっても、自分が劣勢側にいるから不合格になる、ということはありません。また、討論の目的は相手を論破することではありません。議論を深めることによってすべての参加者が知的成長を遂げられる点に目的があるのです。

➡❷：◎　議論開始にあたっては、このように、視点・観点・焦点を明示することがとても大切です。議論の流れをつくり出すという利点のほかに、参加者が意見のアイディアを思いつきやすくなるという利点もあります。

➡❸：○　具体例が挙げられていて、グッド。

➡❹：○　文学、美術、漫画などの表現作品の視点から意見が述べられていて、グッド。

前提知識はこれだ

リバタリアニズム：「他人に迷惑をかけなければ何をしてもかまわない」という考え方を表す学術用語。「他者危害原則」とも言う。直接他者に危害を加えたり罪を犯したりするのでなければ何をしても制限されない（とくに、政治権力による制限は排除する）という徹底した自由主義であり、自分への危害は自己責任で、規制を受けたりおせっかいを焼かれたりする筋合いはないとみなす。19世紀、英国の哲学者ミルが『自由論』という著書のなかで展開している。また、現代の思想家による関心テーマでもあり、ノーベル経済学賞受賞者であるフリードマンや、政治哲学者であるノージックなどもこのテーマを継承している。

→ p.220から続く

Dさん　（挙手して）私も、Bさんと同様に、教育の視点と日本人の心理という視点から意見を述べます。多くの生徒は、授業で「意見を言ってください」とうながされても、学年が上がるにつれ自分の意見を言わなくなる傾向にあります。「間違えたら恥ずかしい」「変なことを言って批判されたくない」「場の空気を読まなければならない」などの心理がはたらくからです。学校側は、生徒に「間違えてもよい」「他人と異なる意見を述べてもかまわない」と教えるべきです。

試験官A　では、反対論側からの反論をお願いします。

Eさん　（挙手して）Bさんは教育の視点から賛成論を述べていましたが、学校だからこそもっと他者への配慮が必要だと思います。たとえば、服装や髪形が乱れることによって学校の風紀が悪化したり、地域住民からの評判が下がったりするなどという悪影響に対する想像力がはたらかなければなりません。Dさんも教育の視点から賛成論を述べていましたが、教室内で周囲の雰囲気を感じ取ることはとても大切です。周囲に配慮しない不適切な発言が横行すると、学びの場が壊れてしまいます。

Fさん　（挙手して）そういう学びの場への間接的悪影響に加えて、本人自身が学び以外のことに気をとられてしまうという直接的悪影響もあります。服装や髪形の自由は、卒業後に謳歌すればよいと思います。

Gさん　（挙手して）表現の自由についても、直接的な他者危害や迷惑とはならない場合でも、いかがわしい表現は控えるべきで、美しい表現、社会に貢献するような表現を推奨すべきではないでしょうか。

試験官A　それぞれの意見に対する反論が提出されましたが、再反論はありますか。

Dさん　私は、奇妙な発言を許すくらい学校も社会も自由であるべきだと思います。文学や美術や漫画などの表現分野における自由もそうです。自分たちへの批判をいかがわしいもの・不埒なものとして弾圧しようとする権力側への対抗意識・反骨精神をもつべきだからです。

→ p.224に続く

➡ ⑤：○　他者の意見との異同に触れながら意見を述べられている点がグッド。また、教育と日本人のメンタリティ（心理）とを結びつけて話せている点もグッド。

➡ ⑥：○　ほかの参加者による意見を踏まえて反論できていて、グッド。議論がかみ合っています。

➡ ⑦・⑧：○　いずれも、反対論の役割を果たしています。

➡ ⑨：◎　歴史を踏まえて再反論できている点がグッド。第二次世界大戦が終わるまで、日本では、自由に自分の思想を形成し発表する表現の自由が認められていませんでした。当時の政府を批判すると、批判者は治安維持法違反として弾圧されました。

　戦後でも、表現の自由とわいせつとの関係が問われた有名な事例があります。英国の作家ローレンスの小説『チャタレイ夫人の恋人』がわいせつ文書として認定され、翻訳者の伊藤整と出版社の社長が最高裁においていずれも有罪となり、罰金刑が確定したのです（1957 年）。これを「チャタレイ事件」と言います。また、フランスの作家サドの小説『悪徳の栄え』でも同様に表現の自由とわいせつとの関係が問われ、翻訳者の澁澤龍彦と出版社の社長が有罪になりました。これらの事例では、多くの作家や知識人を巻き込んで論争が巻き起こりました。

コシバからの
アドバイス

　この「他人に迷惑をかけなければ何をしてもかまわないか」という議題は、集団討論の頻出テーマです。さまざまな視点が設定できるため、賛成論側・反対論側とも多数の具体例を挙げることが可能です。みなさんも、集団討論対策の練習として、それぞれの立場から具体例をたくさん挙げてみてください。

→ p.222から続く

Cさん　（挙手して）すぐれた作品や社会貢献につながる学問研究を推奨し、賞を授与することには反対しませんが、そうでないものに対する規制を認めるべきではありません。その意味で、自由が重要なのです。

Bさん　近年の日本では即効性のある社会貢献を重視する風潮が高まっているため、基礎研究の予算が削られています。また、報道における自由度が低下し、言論への規制が強まっています。

試験官A　反対論側から別の視点やほかの事例を挙げてください。

Gさん　直接他者へ危害を加えるのでなければ何をしても自由だという考え方には、環境問題の視点から反対します。生態系に属する人間以外の生物や未来世代の人間の生存可能性を脅かすからです。

Fさん　（挙手して）他者への危害ではなく自己への危害が自己責任になってしまうのも問題です。とくに子どもは保護の対象ですし、自殺も、「生命の尊厳」という視点からは認めることができません。日本の自殺率の高さは、世界的に見ても突出しています。

試験官A　ここからは自由に発言してかまいません。

Bさん　もちろん、自殺の自由を強調することはできません。しかし、「生命の尊厳」の名のもとに尊厳死や安楽死を否定して無理な延命措置を施してしまうと、患者が苦痛をかかえたまま長く生きなければならなくなり、患者の「生活の質」が失われてしまいます。

Cさん　同様に、身の危険に対する考えが行きすぎてしまうと、柔道、アメリカンフットボール、登山など、危険をともなうスポーツの自由がなくなってしまいます。

Dさん　喫煙については、子どもであれば保護の対象であるため規制することが必要です。一方、20歳以上の成年者の場合は、喫煙者自身が病気のリスクや受動喫煙のリスクを正しく認識しているという条件に限って認めるべきです。

試験官A　それでは、時間がきましたので、ここで終了します。

➡️⑩：○　このように、議論のどこに賛成できて、どこには賛成できないのかを明らかにしながら議論を組み立てることはとても大切です。

➡️⑪：◎　社会の具体的な状況を挙げながら意見が表明できていて、グッド。国境なき記者団によって発表されている「世界報道自由度ランキング」における日本の2023年の順位は、180か国中68位です。2010年代にはもっと高順位にいました。日本はだんだん、自由で開かれた社会とは言えなくなりつつあります。

➡️⑫：◎　環境問題の視点におけるリバタリアニズム批判は有効ですね。先ほど説明したとおり、自由至上主義であるリバタリアニズムは個人による思想的・行動的暴走を助長し、環境破壊を容認します。

➡️⑬：○　2006年施行の自殺対策基本法によれば、自殺の予防と対策は国と地方自治体の責務とされています。日本は、自殺者総数と人口10万人あたりの自殺率（自殺死亡率）とも世界的に高水準にあります。「生命の尊厳」とは、生命そのものに絶対的価値を置く考え方です。

➡️⑭：◎　「生命・生活の質（QOL）」は、患者自身が考える人間らしい生き方をさします。延命措置によって患者が苦痛に耐えながら長く生きることになると、患者の生命の質が低下してしまうという問題が発生してしまいます。

➡️⑮：○　具体例が適切に提示できています。事故や危険を回避する目的でスポーツ活動の自粛や規制を過剰にうながすと、スポーツ活動に携わる人びとの自由を奪うことにつながります。

➡️⑯：◎　ここまでの議論を踏まえて具体例が適切に提示できていて、グッド。喫煙を法律で禁止すべきかどうかという議題は、小論文や自由英作文でもよく出題されるテーマです。

テーマ 11　グループ分けなしの集団討論

重要度 ★★★★★

👥 設　定

試験官	A：全体の進行役。ほかに、審査役 2 人が立ち合い。
受験生	B さん・C さん・D さん・E さん・F さん
試験時間	30 分

この面接での志望理由以外の討論
◆学校でボランティアを行うことの是非

🎥 討論の事例

試験官 A　では、討論を始めます。①今回の議題をめぐってそれぞれ意見を提出、意見を戦わせながら議論を深めていきましょう。進行係をだれかにお願いしたいのですが、どなたかいませんか。

B さん　（挙手して）はい。

試験官 A　ほかに候補者はいないようなので、B さんにお願いします。B さん自身の意見を述べてもかまいませんが、なるべく進行係に徹してください。

B さん　進行係を務める B です。よろしくお願いいたします。②意見をうながすために、私から議論のきっかけをつくります。③言葉の本来の意味、本質論の視点にもとづくと、ボランティアは「自発的に取り組むこと」「みずから志願すること」を意味するので、「学校で行う」のは半強制であり、ボランティア本来のあり方に反します。どう考えますか。

C さん　（挙手して）はい。④本質論の視点であれば、そもそも学校の役割は何かという議論も可能です。学校は、なんらかの社会性を学ぶ場です。その学校でボランティアを行い児童・生徒から社会貢献や社会への視野を引き出すことは、学校の本来の役割にかなっています。　→p.228に続く

回答へのコメント

➡❶：この集団討論は、グループに分かれず、個人対個人の合計5人で議論を進めるという形式です。今回のように進行係（ファシリテーター）を決める場合もあれば、決めない場合もあります。率先して自分の意見を述べることと同時に、ほかの参加者からの意見にも耳を傾けることも必要です。参加者をおとしめることなく、建設的な議論が形成されることに努めなければなりません。

➡❷：◎　参加者からの意見をうながすための「呼び水」としてこのように発言することは、進行係の役割として適切です。

➡❸：○　提示された議題の語義という本質論（「そもそも論」）からアプローチしている点がグッド。語義を取り上げることは、有力なアイディア発想法の1つです。

➡❹：○　焦点が「ボランティア」に「学校」も加えられています。❸と同様、語義を取り上げ本質論が展開できていてグッド。

コシバからの アドバイス

　　議論の場において自分の意見を構想したうえで発言するという行為には、小論文の作成と同様の頭の使い方が必要です。提示された議題には唯一の模範解答というものは存在しません。だからといって、「いろいろな意見があり、それぞれはすべて正しい。だから、答えは存在しない」と議論を放棄することも許されません。自分なりの意見を仮説として提示し、ほかの参加者との対話を通じて議論を磨き上げていくことが必要なのです。

　　仮説を提示する際に有効なのが、今回の例にも見られるように、設定された視点からどのようなことが言えるかを構想することです。代表的な視点が、「本質論の視点」「実効性の視点」です。そこに、「現代日本社会の視点」（「国際化社会の視点」「価値観の多様化の視点」など）と「学問への関心の視点」を加えることも可能です。

→ p.226から続く

Dさん　（挙手して）はい。C さんから学校の役割に関する意見が提出されましたが、社会性の育成は学校の本質ではなく、あくまで二次的なものです。学校の本質は「学業」にあります。ボランティアは、家族や地域単位で参加可能です。必ずしも学校で取り組むべきことではありません。

Bさん　なるほど、ボランティアが「自発的に取り組むこと」である点、学校の本質は学業にある点から、校内活動としてのボランティアは不必要だと考えられると思いますが、E さんの考えはどうでしょうか。

Eさん　D さんの意見に賛成します。補足すると、教科学習の場を与える点にこそ学校の本質があると考えます。たしかに、経済的に余裕があれば塾や予備校に通って教科指導を受けることが可能ですが、経済的に恵まれない人にとっては学校が唯一の教科学習の場です。

Fさん　（挙手して）私は、この議題をめぐっては、本質論の視点よりも現代日本社会の視点と実効性の視点が重要だと思います。つまり、現代日本社会という条件下で学校におけるボランティアに実際的な効果はあるかどうかを考える必要があるのです。

Bさん　では、現代日本社会の視点と実効性の視点にもとづくと、学校でのボランティアはどう評価されますか。

Fさん　はい。所得格差が拡大して教育格差も起きている現代日本社会の視点からは、E さんが指摘したように、学びを学校だけでしか受けられない人がボランティアで学習時間を奪われないように、学校でボランティアを行うことは控えるべきだと考えられます。また、実効性という視点からは、学校から半強制されるボランティアは、児童・生徒が他者貢献・社会貢献の意識を養う場としては機能しないと考えます。

Eさん　そう、そういう「やらされてる」態度ではボランティア相手に失礼であり、しないほうがマシです。ボランティアは、相手から感謝されることによってはじめて成立するのですから。

→ p.230に続く

```
回答へのコメント
```

➡❺：○　意見がぶつかり合いながら、議論が円滑に進んでいます。

➡❻：○　ここまでの議論をまとめている点がグッド。進行係としての務めが果たせています。

➡❼：○　ほかの参加者からの発言内容を補強することによって議論を盛り立てている点がグッド。

➡❽：○　新たな視点が追加され、さらに議論が深まっています。

➡❾：○　現代日本社会の具体的特徴を踏まえた意見が述べられていて、グッド。

➡❿：◎　「実効性の視点」から意見が述べられています。「実効性の視点」は、本質論である「そもそも論」ではなく、「現実に使いものになるかどうかを述べる論」です。この視点は、議論を発展させるために有効です。みなさんも、自分で自由に議題を設定し、「本質論の視点」「実効性の視点」から意見を述べる練習を積んでください。

➡⓫：○　的確な指摘です。相手に対して施した行為は、もし相手から受け入れられなければ、単なる自己満足に終わってしまいます。

→p.228から続く

Cさん　（挙手して）はい。私は、現代日本社会の視点や実効性の視点から、学校でボランティアを行うことは有益だと考えます。情報化社会の進行と地域コミュニティの弱体化を考慮すると、学校単位で地域への貢献活動を対面によって行う意義は大きいと思います。地域住民とも関係が深まって子どもたちの居場所ができますし、地域の治安も向上すると思います。

Bさん　現代日本社会の現実から見て、学校によるボランティアには複数の意義があり、それが実効性でもあるということですか。

Cさん　別の視点から言いますと、実効性として強調したい点は、たとえ学校から半強制されてボランティアを行ったとしても、実際に取り組んでみればその意義がわかる、ということです。

Dさん　（挙手して）先ほど、私はボランティアなら家庭や地域でもできると述べましたが、ふつうは最初のきっかけがなかなかないので、その点では学校がその一歩を用意することには意義があります。実際に参加して他者貢献に対する充実感を覚えたら、次からは自主的に参加するはずです。そうであれば、ボランティア本来のあり方とも矛盾しません。

Bさん　日本が自然災害の多い国であるという点でも、あるいは非常時の避難場所として学校が使われることも多いという点でも、ボランティアの基本的なノウハウを学校で身につけることは大切です。

Eさん　（挙手して）それらを踏まえても、私は、ボランティアの意義と参加条件の案内を社会科の授業などで説明するだけにとどめて、校内活動としてはボランティアを実践すべきではないと思います。

Fさん　あるいは、インターアクト部のような部活動として取り組むのであれば、児童・生徒による自主性を尊重することが可能となります。

試験官A　議論が展開して幸いでした。以上です。

➡⑫：○　現代日本社会のどこに焦点を当てるかによって、意見はさまざまに異なります。

➡⑬：○　発言内容を確認しながら進行できていて、グッド。

➡⑭：◎　重要な指摘です。よく利己主義（エゴイズム）が人間の本質だと言われますが、じつは人間の本質を利他主義（アルトゥルーイズム）に置くことも可能です。

　　社会組織や権力機構が存在しない状態を「自然状態」と言います。ホッブズによれば、それは「万人の万人に対する闘争状態」です。この状態では、人間は自分の生存のためだけに他人と戦います。しかし、人間は本能レベルで、自分と他人が助け合えば生存可能性が高まることを把握しています。人間をはじめとする霊長類は、「ミラーニューロン」と呼ばれる脳神経を使って、相手の行動を鏡のようになぞり、相手に反応します。ここからは、人間には他者への共感という本質的な感情があることがわかります。

　　人間の脳には、「報酬系」と呼ばれる部分があります。他者からお礼を言われたりすると、ドーパミンと呼ばれる神経伝達物質がここから分泌され、快い感情がわき起こります。脳が自分で自分に報酬＝ごほうびを与え、もっと他者に貢献しようという動機づけを行った証です。

➡⑮：○　議論のなかで自分の発言を修正することは、知的誠実さの表れであり、歓迎すべきことです。自説への執着を捨て、議論を通じて知的成長を遂げましょう。

➡⑯：○　進行係として意見をまとめつつ新たな視点が追加できていて、グッド。

➡⑰：○　譲らない自説の応酬ではなく、議論が展開している点がグッド。

➡⑱：○　具体例の補足がグッド。

第 9 節 討論・ディベート

テーマ 12 プレゼンテーション + 集団討論

重要度 ★★★★★

設定

試験官	A：進行役。ほかに、審査役 2 人が立ち合い。
受験生	B さん・C さん・D さん・E さん
試験時間	40 分

この面接での志望理由以外の討論

◆日本社会の格差問題

討論の事例

試験官 A　では、始めます。①まず、それぞれ事前課題として書いてきた文章を発表してもらいます。みなさんは、ほかの参加者による発表もよく聴いたうえで賛成できる点と疑問点や賛成できない点について意見を述べてください。B さんからお願いします。

B さん　（教室の前方から試験官やほかの参加者に向かって）B と申します。よろしくお願いします。②「日本社会の格差問題」について、所得格差が教育格差につながっているという視点から発表いたします。

　　③1990 年代初頭からおよそ 30 年にもわたって、日本人の平均年収は 450 万円前後で横ばいです。2021 年には 443 万円でした。しかし、この数値には注意が必要です。日本人の多くがひとかたまりで収入 450 万円前後に停滞しているのではなく、所得格差が大きく開いている状況でこの数値にとどまっているのです。④グラフにもとづいて言うと、中心の山が 1 つしかないという「ヒトコブラクダ」型ではなく、「フタコブラクダ」型になりつつあるということです。しかも、⑤それは現代の子どもたち、小中学生の学力調査の分布とよく似ています。　→p.234に続く

➡❶：試験には、志望理由書や自己推薦書などのように事前に文書を提出
する形式がある一方、今回のように、事前に発表されている議題にも
とづいて準備したうえで臨み、ほかの受験生と意見を交わし合う「プ
レゼンテーション」という形式もあります。大学での演習授業やゼ
ミのスタイルに近い形式です。

➡❷：◎　議論のきっかけを与える発言がグッド。「日本社会の格差問題」
という議題のどこに焦点を当てるかが示せています。

➡❸：◎　統計データを取り上げて数値の変化や推移に触れ、発言に説得
力をもたせている点がグッド。

➡❹：○　視覚的に訴える説明がグッド。黒板やホワイトボードなどを使
うことが可能であれば、簡単に図示するのもアリです。

　日本人の平均年収は1990年代から2020年代までほぼ横ばいで推移
しています。一方、所得格差は2000年代以降、拡大の一途をたどっ
ています。

　平均年収の半分以下の所得で暮らす貧困者の人口割合（相対的貧困
率）は、OECD（経済協力開発機構）加盟国のなかで例年5位以内に
入る高さにあります。ひとり親家庭の相対的貧困率に至っては48.1%
（2019年）であり、OECD加盟国中ワースト1位です。

➡❺：△　自分の発言をほかの統計データと結びつけて説明できています。
ただし、調査の出典を、たとえば「●●年の文部科学省の全国学力調
査によれば」などと述べることができていれば申し分ありませんでし
た。

→p.232から続く

かつて「学力低下」が問題視されたことから「ゆとり教育」が廃止されました。一方、現在の教育は「教育格差」という大問題をかかえています。教育格差は親の所得水準の高低と結びついており、経済力が低い家庭の子どもは将来への希望のもちようも低いという事態が起きています。社会学者の山田昌弘氏は、このような事態が起きている現代日本社会を「希望格差社会」と呼んでいます。

私がさらに深刻だと考えているのは、教育格差の拡大を「自己責任」だと見なす風潮が強まっていることです。統計によれば、収入の多い家庭の子どもほどよい教育を受けられる傾向について「問題だ」と回答した人の割合が2000年代から2010年代にかけて著しく低下しているのです。ここからは、教育格差を社会問題としてなんとか改善すべきだと考える人が減っていることがわかります。

その風潮を象徴するのが「親ガチャ」という言葉です。この言葉は、自分の能力を運のレベルで片づけ、努力しないことの言い訳にも使われがちである点がよくないと、私は考えます。子どもは親を選べない以上、社会には子どもの教育機会を整える公的な責任があると考えます。（会場から拍手）

試験官A　ありがとうございました。では、みなさんも意見を述べてください。

Cさん　（挙手して）はい。たしかに、日本社会における所得格差拡大と教育格差拡大は重要な問題であるという点には、私も賛成します。しかし、私は、両者が結びついているという考え方に疑問をもっています。機会の問題や公的な問題というよりも、努力するか否かという本人の問題だと考えることはできないでしょうか。

→p.236に続く

回答へのコメント

➡️⑥：◎　しっかり事前に準備したうえで発表できています。山田昌弘氏は、『家族というリスク』（勁草書房）、『新型格差社会』（朝日新書）などの著書が現代文や小論文に頻繁に出題される社会学者です。「希望格差社会」のほかにも、「婚活（不本意未婚者が結婚相手を見つけるための主体的な活動）」「パラサイト・シングル（働いて収入があるのに親と同居して家賃や食費・光熱費を浮かせ、親に『寄生』する独身者）」など、絶妙なネーミングセンスでも知られています。

➡️⑦：◎　大変重要な指摘です。裏づけとなる統計を挙げている点もグッド。貧富の格差が親と子の収入にどうかかわるかが表れた指標を「グレート・ギャツビー・カーブ」と言います。米国の経済学者であるクルーガーが、フィッツジェラルドの小説『グレート・ギャツビー』をもとに命名したものです。

➡️⑧：○　近年よく使われるようになった言葉とそのコメントがグッド。「親ガチャ」は、子どもの人生は遺伝的な要素や家庭環境で決まるという悲観的な考え方です。「ガチャ」には、コインを機械に入れてレバーをガチャガチャ回すときの、何が出てくるかわからない、出てくるものを選べないという不安感が込められています。

➡️⑨：○　親の所得によらずすべての国民がその適性・能力・関心によって自分が望む教育を受けられることは、重要な権利です。そうした機会を生かす人材が輩出されることには、企業・官庁・大学にとってメリットがあります。また、持続可能な社会をつくるうえでも大切です。

➡️⑩：○　どこに賛成し、どこに疑問をいだいているかが、議論の流れのなかで明瞭に述べられています。場の雰囲気を乱すという理由で疑問を引っ込めることなく、場に対する知的貢献を果たすという意気込みで、臆せず疑問を提示しましょう。大学側の試験官が評価するのは、受験生がそのような知的な姿勢をもっているかどうかという点です。

→ p.234 から続く

Bさん　高所得者は努力した人で、所得が低い人は努力しなかった人だとはいちがいには言えないと、私は考えます。「努力したけれど、うまくいかなかった」ということがありえるからです。努力の有無が成果にかかわることは事実だとしても、その点を強調しすぎるとすべてが自己責任に帰せられてしまいます。とくに、子どもには家の所得の高低に対する責任はありません。学力も同様で、個人の努力だけではなく、環境の要因も大きいと思います。

Dさん　所得格差と教育格差が結びついているという指摘には私も賛成します。一方、「社会には子どもの教育機会を整える公的な責任がある」とのことですが、具体的にはどのような取り組みをお考えですか。また、そのための財源は確保できるのでしょうか。その点に疑問があります。

Bさん　給付型奨学金制度の充実と、高等教育の無償化です。高校までの授業料については無償化が実現しているので、これを高等教育機関である大学まで拡張すべきだと考えます。また、塾や予備校、映像授業や通信添削など受験準備にはお金がかかりますから、これらへの資金援助を行うことも考えられます。財源の確保という点については、勉強不足でした。この場では説得力のある回答ができません。

Eさん　私は、自己責任で済ませるべきではないというBさんの指摘に賛成します。一方、Dさんと同様に、これまでの教育施策には疑問を感じています。私の提言は、むだな公共事業を削減して教育に予算を回すこと、および国会議員・地方議会議員の報酬を下げて財源を確保することです。GDP（国内総生産）に占める日本の教育機関への公的支出割合は2019年のデータで2.8%であり、OECD加盟国36か国中35位です。一方で、議員報酬はほかの先進国よりきわめて高い水準にあります。

Bさん　なるほど、参考になりました。

＊Cさん・Dさん・Eさんの発表が続きますが、紙面の都合で割愛します。

回答へのコメント

➡⑪：○　感情的な応酬を避け知的な場への貢献を果たすという使命にもとづいて、冷静に再反論できています。

➡⑫：○　具体化・詳細化を求める問題提起となっていて、グッド。

➡⑬：○　大学などの高等教育を受ける日本の学生の私費負担割合は、2019年時点で67%です。なお、OECD加盟国平均は31%です。

➡⑭：○　一部の地方自治体では、このような取り組みがすでに実施されています。

➡⑮：△　自分の不勉強を潔く認めています。

➡⑯：◎　Bさんが提示した疑問を踏まえたうえで自分の意見が述べられています。「給付型奨学金制度の充実」「高等教育の無償化」については、条件つきで賛成すべきだという意見があります。その意見の背景には、「低所得者世帯の人たち全員に奨学金を支給してしまうと、高等教育に進む意欲が低い人まで進学することになる。奨学金額は学力に応じて決めるべきだ」という考え方があります。

　　米国では、不利な教育環境に置かれ低所得者世帯にいるアフリカ系米国人受験生に対して、試験での得点を上乗せするという優遇措置がとられる場合があります。これを「アファーマティブ・アクション」と言います。この施策に対しては、「逆差別だ」という声がある一方、所得格差が教育格差につながっているという現状を解消するため、このように踏み込んだ施策を採るべきだという声もあります。

前提知識はこれだ

アファーマティブ・アクション：差別や格差を積極的に是正する優遇措置。教育、雇用、政策決定などの場面で性別・人種によらず特別枠を与えるというクオータ制などを含む。

模擬授業について

　大学教員による講義を受けてレポートを作成するというタイプの課題です。基本的な流れは、小論文作成と同じです。すなわち、

> ❶　まずは、与えられた文章資料・統計資料や講義内容をまとめる。
> ❷　その後、自分の意見を書く。

という流れをとります。

　❶での基本方針は、対比で表現することです。講義を担当する教員の発言内容と、講義のもととなっている文章資料・統計資料の記述内容では、何と何が比較されているか対比的にまとめましょう。このようなまとめ方は、大学で課されるレポートを書く際にも必要な技法です。大学入学後の学びを先取りするという意識で講義を聴きましょう。

　レポートと小論文のまとめ方には相違もあります。

　小論文では、文章資料・統計資料に関する内容を全体の約2〜3割でまとめ、自分の意見を多めに書くことが求められます。一方、レポートでは、講義に関する内容を全体の約5〜7割でまとめることが求められます。ただし、分量的なバランスについて大学側から指示が出ている場合には、その指示に従ってください。

　❷「自分の意見を書く」についても、レポートと小論文とでは少し異なります。小論文では、著者の見解に対する賛否とその根拠や具体例など自分側が中心です。一方、レポートでは、講義を聴いてわかったことや関心や興味をもったこと、もっと知りたいと思ったこと、質問したいと思ったことや疑問に思ったことなどが中心です。

チェックリスト

＊自分の受験に必要な項目をチェックしましょう。

	項　　目	詳　　細
☐	調査書	
☐	志望理由書（研究計画を含む）	
☐	活動報告書	
☐	推薦書	
☐	事前レポート	
☐	小論文	
☐	面接（個人面接・集団面接）	
☐	模擬授業	
☐	プレゼンテーション	
☐	討論・ディベート	
☐	共通テスト	
☐	共通テスト以外の学力試験	
☐	実技（スポーツ、音楽、美術など）	
☐	その他	

小柴 大輔（こしば だいすけ）

　静岡県生まれ。大学の学部で歴史学（西洋史・歴史の哲学）、大学院で哲学（科学哲学・社会哲学）を専攻。現在、リクルートが運営するオンライン予備校「スタディサプリ」講師（現代文、小論文、推薦・総合型対策）、Z会東大進学教室講師（小論文）、大学受験専門ワークショップ講師（現代文、小論文、推薦・総合型対策）を務めるほか、辰已法律研究所で司法試験対策の一般教養論文、法科大学院の論文対策や志望理由書対策の講座も担当。

　各予備校および高校の課外授業で推薦・総合型対策を実施。各学部・学科の特徴・個性を意識させる指導により、毎年、驚異的な合格実績を上げている。志望理由書の添削依頼も全国から殺到。

　著書は、『小柴大輔の　1冊読むだけで現代文の読み方＆解き方が面白いほど身につく本』（KADOKAWA）、『読み解くための現代文単語［評論・小説］〔改訂版〕』（文英堂）、『東大のヤバい現代文』（青春出版社）、『対比思考 最もシンプルで万能な頭の使い方』（ダイヤモンド社）など多数。

話し方のコツがよくわかる
人文・教育系面接　頻出質問・回答パターン25

2023年8月29日　初版発行

著者／小柴 大輔

発行者／山下 直久

発行／株式会社KADOKAWA
〒102-8177　東京都千代田区富士見2-13-3
電話 0570-002-301(ナビダイヤル)

印刷所／株式会社加藤文明社印刷所
製本所／株式会社加藤文明社印刷所